杏坛撷珍

——一位初中英语教师的行与思

施红玉 著

北方联合出版传媒(集团)股份有限公司

 万卷出版公司

ⓒ 施红玉 2020

图书在版编目（CIP）数据

杏坛撷珍：一位初中英语教师的行与思 / 施红玉著
. —沈阳：万卷出版公司，2020.12
ISBN 978-7-5470-5442-0

Ⅰ．①杏… Ⅱ．①施… Ⅲ．①英语课—教学研究—初
中—文集 Ⅳ．①G633.412-53

中国版本图书馆CIP数据核字（2020）第179641号

出版发行：北方联合出版传媒（集团）股份有限公司
　　　　　万卷出版公司
　　　　　（地址：沈阳市和平区十一纬路25号　邮编：110003）
印　刷　者：北京政采印刷服务有限公司
经　销　者：全国新华书店
幅面尺寸：170mm×240mm
字　　　数：196千字
印　　　张：12.25
出版时间：2022年6月第1版
印刷时间：2022年6月第1次印刷
责任编辑：王　琪
责任校对：张兰华
装帧设计：言之凿
ISBN 978-7-5470-5442-0
定　　价：45.00元
联系电话：024-23284090
传　　真：024-23284448

序　言

心 灵 之 歌

　　学校，是我儿时的乐园，也是我成长的精神家园。小时候，我特别喜欢上学，也喜欢教过我的每一位老师，他们影响着我的教育人生。

　　自师范学校毕业后，我如愿成为一名教师。我用我的行动给孩子们留下了对童年的美好记忆，我用我的爱心给孩子们撑起一片蓝天。二十多年来，无论在农村还是在县城，我用课堂丰富学生的知识，一直默默守护孩子们的成长，扎根三尺讲台，青春无悔。

　　记得初涉教坛的我，在身边同事的鼓励、帮助和指导下，不断地成长，实现一个又一个目标。我不断接受内心的挑战，练就本领，超越自我。奋斗的青春有汗水，有收获；成长的故事有温情，有泪水；探索的实践有欣喜，有坎坷。一路走来，骄人的教育教学成绩不断坚定着我的脚步，我在学生的成长中实现了人生的最大价值。

　　人生的每一个阶段都有值得记忆的事。大鹏之动，非一羽之轻也；骐骥之速，非一足之力也。我时常为领导的点拨、同事的帮助而感动，我时常为自己的坚持与努力而欣慰，我也为自己拥有一颗坚守教育的心而骄傲！多年的班主任经历和英语教学实践使我明白，只有遵循教育教学规律和学生成长规律，才能更好地帮助学生，成就学生。这一理念使我明白，从事教育教学工作不仅要有坚韧的品格和顽强的毅力，更需要有信心、爱心与责任心。

回想自己一路经历的点点滴滴，我的内心充满感激、感动、感恩，总想写一写、记一记，让那些温暖与感动停留，让那些灵感与思想升华。我以稚嫩的笔触，捕捉我教育教学中迸发的灵感与智慧，梳理我教育教学历程中不同时段的思考与实践，记载我学习成长的经历，记录我教育教学的故事，书写一个教育者的心灵之歌，表达自己在教育人生中的所思所想。这本书就是我作为一位普通教师的教坛采撷。

愿我的真情实感、课堂案例、团队建设、实践探索，能给大家带来启示。

2019年11月1日

目　录

第一章　踏歌而行

初中英语口语作业，为师生搭建沟通桥梁 ……………………2

对于英语课堂活动预设的几点思考 ……………………………6

优化训练，提升农村初中学生英语听说能力 …………………9

提升县城初中英语课堂教学效率之我见 ………………………13

农村初中英语阅读教学应注重学生思维能力与感悟力的培养 …16

初中英语教学，教师应关注什么 ………………………………19

初中英语命题需要注意的几个问题 ……………………………23

学伴互助，和谐共进 ……………………………………………26

对课堂教学大比武活动的几点思考 ……………………………30

浅谈如何科学引导教师构建新的教学模式 ……………………33

让教师团队成为学校发展的"硬核" …………………………36

第二章　雪泥鸿爪

"小师傅"很重要 ………………………………………………40

互助复习，减负增效 ……………………………………………43

机会，每个孩子都值得拥有 ……………………………………45

将美好根植学生心灵深处 ………………………………………47

课堂上应有的压力与自信 ………………………………………49

了解文化背景，提升学习效果 …………………………………51

如何引导初中学生上好自习课 ………………………… 52

突破预备单元，助力孩子起飞 ………………………… 54

做温暖的教育者 ………………………………………… 57

学会管理自己的情绪 …………………………………… 59

学诗与写诗 ……………………………………………… 61

用爱心唤醒孩子们的自觉 ……………………………… 63

中考阅读训练之我见 …………………………………… 65

走出公开课的俗套 ……………………………………… 67

初中英语词汇教学三法 ………………………………… 70

学生抄袭作业的根源在哪里 …………………………… 72

放下霸气 ………………………………………………… 74

管理与教学都很重要 …………………………………… 76

关键时段，特别关注 …………………………………… 78

第三章　美丽心情

美丽心情 ………………………………………………… 82

做一名有教育情怀的老师 ……………………………… 87

再走一步 ………………………………………………… 92

潜力无穷的学生 ………………………………………… 95

第一次论坛 ……………………………………………… 99

教学生唱英文歌 ………………………………………… 102

教师要和孩子一起成长 ………………………………… 106

第四章　心香一瓣

走近玉桥人 ……………………………………………… 110

做有爱的教育 …………………………………………… 113

苏州印象 ·· 115

用真心做真教育 ·· 118

开启智慧教育之路 ·· 123

走出自己的世界，迈向大写的教育 ························· 127

科学培养新生习惯，促进核心素养形成 ··················· 131

与智者同行，共圆教育梦 ······································ 133

附 录

Unit 4　Why don't you talk to your parents? Section B（3a-Self Check）···138

Unit 9　Can you come to my party? Section A（1a-1c）·················145

Unit 8　How do you make a banana milk shake? Section A（1a-2c）···147

Unit 13　We're trying to save the earth! Section A（3a-3b）···········153

Unit 2　I think that mooncakes are delicious! Section A（3a-3c）······158

Unit 12　Life is full of the unexpected. Section A（Grammar Focus-4c）···164

Unit 6　Do you like bananas? Section A（2a-2d）·····················169

Unit 3　Could you please clean your room? Section A（3a-3c）······172

Unit 4　Where's my schoolbag? Section B（2a-2c）·················176

Unit 11　How was your school trip? Section A（1a-1c）·············179

Unit 5　Why do you like pandas? Section A（1a-1c）·············182

参考文献 ·· 185

目
录

第一章

踏歌而行

　　遵循规律，才能事半功倍。

　　教书育人，就要从研究教育教学规律和学生成长规律出发。不忘初心，方得始终。

初中英语口语作业，为师生搭建沟通桥梁

世界经济全球化助推了全球语言的统一，英语已被全世界广泛使用，初中英语教学承担着发展学生语言的重任。而农村学生由于受各种因素的制约，英语学习能力与听说能力仍然处于弱势，这严重影响了学生未来的发展。口语作业的设置与检查是解决此问题的有效手段，学生可以通过跟老师的有效沟通，获得点拨与帮助；通过跟同学的合作沟通，获得学习方法与规律。同时，它也是教师关注学生情感、疏通学生思想、激发学生学习兴趣、完善教学的一条重要途径。

一、创造沟通机会，师生共同发展

通过调查发现，在我所在县的初中里，大部分学生在学习英语时与老师之间缺乏有效的沟通。因班级人数多，课堂上口语练习时间有限，所以教师照顾不到每一个学生。课堂上除了设计的"生生活动""开火车"等练习能留给所有学生进行口语交流的机会外，其余的活动只有一部分学生可以参加。语言能力较弱的学生很少有机会在课堂上展示自己，也就不能在老师的指导与帮助下进行自我修正。长此以往，这部分学生逐渐被边缘化，发展成被动学习者。

经实践发现，将书面作业口语化，是检测英语教学效果的有效手段。当学生上交作业时，教师可先用英语与其进行对话。比如教师可以说："Are you happy in English class？""Do you need help？""What did you do last night？""Who is your best friend in our class？"这些与实际生活相关的话题，可以创设一种轻松愉悦的交流氛围，引起学生的关注并积极作答，从而打开英语交流的局面。教师在翻阅作业时可以检查学生单词的读音与拼写、

相关短语与句型结构存在的问题，并进行指正，给予学生一定的鼓励，并提出要求。这样面对面的交流不但能发现学生学习的短板，解决他们的困惑，还能引导学生大胆地用英语交流。书面作业口语化，还能为学生创造与老师单独交流的机会。在与老师单独相处时，学生能静下心来，集中精力听老师讲话，努力整合自己的语言并表达自己的想法。在老师的帮助与指正下，学生逐渐做到语音、语调自然准确，语气恰当，语言流畅。而教师也能关注学生的个体表现，从满足个体需要出发，耐心地帮助学生，提出中肯的建议，并真诚地鼓励学生学习。教师在掌握学生学习状态、了解学生语言表达情况的同时，也梳理了自己在教学中存在的问题，进而积极调整教育教学行为，实现师生共同成长。

二、创新口语作业，激发学生发展动机

初中阶段的英语学习是提升学生语言技能的关键时段，《义务教育英语课程标准（2017年版）》（以下简称《英语课程标准》《课标》）要求学生：能根据话题提供的信息，表达简单的观点和意见；能在口头表达中进行适当的自我修正；能有效询问信息和请求帮助；能进行角色扮演；能流畅地讲故事；等等。为了达成相应的目标，除了课堂内外的书面训练，教师还应设置不同形式的口语作业，了解孩子们的语言表达情况，并及时提出建议与意见。教师要帮助学生积极参与口语练习，养成多思考、勤动嘴、善于整合的习惯，从而在面对"考官"时更加注意自己的语音、语调和语气，以及语言的准确与精练，练就一种镇定自若的本领，轻松应对口语考试。在与老师的交流中，学生能快速提升思维能力、整合能力、表达能力。从老师的点评与建议中，学生也可以获得动力与方向，自觉调整学习状态。

口语作业的分层布置与检查也可以提升孩子们的能动性，培养学生自主学习能力。一个班级里学习被动、作业偷懒的学生大多是学习有困难的学生，他们觉得作业难度大就想办法应付老师，要么抄袭完成，要么逃避不上交。一个班里越是不愿张口的孩子，在课堂上越容易被忽略，也就越容易掉队，听说能力自然就弱。因此，合适的作业会避免孩子们产生上述的情况，也会培养学生积极的情绪。比如对一些学生可以降低作业难度，一段时间连续面批这些孩子的作业，用心跟他们沟通，及时掌握学情，肯定学生的点滴

进步，循序渐进地指导，让他们学会坚持、永不放弃，学会跟老师、同学真诚地交流，大方、大胆发言，逐渐养成自觉、上进的学习品质。对于班上优秀的孩子，不需要进行简单的检测与重复性的背诵，可以提高要求，设置一些具有挑战性、创新性的作业。比如让他们根据自己的理解，阐述相关文章的内容，或者给出话题让他们即兴表述一段话，教师不仅可以从他们的表达内容上给予评价，还可以从他们的举止、仪态等方面提出要求，鼓励孩子们追求卓越，全面提升自己。

合作式口语作业可以培养学生沟通与合作能力，使学生互相影响，共同进步。《英语课程标准》要求学生能引出话题与几个人进行交谈，能参与角色表演、表演短剧。因此英语口语训练需要场景，需要伙伴。教师可以布置2～4人共同完成的口语作业。比如学完了*Where did you go for vacation*？这一单元，教师可以让两名学生互相交流假期生活，话题要涉及活动的地点、内容、外出方式、天气、食物、感受等；学完了*Hansel and Gretel*，教师可以要求学生以小组为单位完成课本剧表演。这类作业整合度高，形式新颖，容易激发学生能动性。为了完成任务，孩子们抱团练习，互助交流。"搭档式"作业能充分发挥优秀学生的辐射带动作用，调动全体学生积极性。在准备过程中，组织者会更优秀，参与者会更努力，既培养了孩子们的组织与沟通能力，也增强了小组凝聚力，提高合作力与学习力。

信息技术时代带来了教育教学的变革，也带来了学习方式的巨大变革，学生交流的渠道不再单一。利用方便快捷的信息平台让学生交流口语作业，可以打破时间的限制，学生可以随时沟通，获取信息与帮助。比如学生可以在微信、QQ等APP上完成作业。师生间可以进行语音、视频交流。教师可以把优秀的口语作业推荐给大家进行共享学习。

三、情感交流，培养孩子们良好的心态与情绪

在一个班集体中，不同学习水平的学生都需要肯定与鼓励，需要帮助与指导。那些心绪浮躁、书写粗心、语言表达不严谨、学习被动、错误较多的学生，更需要老师的关怀和情感的交流。口语作业搭建了师生交流的平台，可以为学生创造与老师交流的机会。一些情绪焦躁的学生通过交流，逐渐变得安静，开始静心学习。一些有心理问题的学生通过师生的口语作业与情感

交流，心理获得疏导，情绪得到调理，心思回归课堂，在学习的道路上少走了许多弯路。当然优秀的学生得到老师的肯定与认可后，也会获得前行的动力。有了老师的帮助，学生们的毅力强了，心绪稳定了，也学会了自我调整情绪，改正不良学习习惯。

口语作业的创新设置与检查，极大地弥补了农村学校孩子们语言环境的缺失与家庭教育的短板，为孩子们搭建了课后沟通的桥梁。通过口语交流活动，学生提升了语言交际能力，也提升了学习英语的自信心。教师也积累了与孩子们沟通的技巧，提升了教育教学中的反思与实践能力。

对于英语课堂活动预设的几点思考

《英语课程标准》要求教师通过设置多维的课堂活动，逐渐训练并提高学生的听、说、读、写技能，最终达到语言交际的目的。据此，在英语课堂总会有大量的生生、师生活动。只有让学生身心愉悦地参与，互相交流，共同提高，教师才能促成教育教学目标的有效达成。可是，在教学实践中，教师根据教学内容设计的课堂活动，往往会占去课堂的大部分时间，使教学设计完不成，导致拖堂或一节课草草结束后下节课重新补充等问题的出现。针对此类问题，笔者通过听课与自我反思认为，初中英语教师要开展高效率的课堂活动，必须做好以下几点预设。

一、对活动时间的预设

课堂活动只有短短40或45分钟，因此英语教师要提前预设开展活动所要占用的时间，清楚在什么时间段安排学生进行动态活动更合适，尤其对活动的每个小环节要细致分析，掌控好活动重点以及相应的时间，这样才能确保课堂活动紧凑、有效，课堂环节完整。比如在针对人教版八年级上册第八单元*How do you make salad?* 的教学中，教师都知晓这一单元涉及奶昔、沙拉、汉堡包、薯条等食物的制作。所以，大部分教师为了"让学生能动手做一做，说一说，在体验中学习，加深记忆"，往往会在教学环节中加入当堂做奶昔、沙拉或汉堡包等一系列活动。但实际上，不论是通过教师自己动手示范，指导学生说出做的过程，还是安排学生分组做再说出制作过程，都会产生因动手做沙拉或者汉堡包时，师生情绪高涨，占用大量时间而语言训练时间紧张等尴尬问题，使得此处的"做"有点儿喧宾夺主，精心设计的课程没有达到预期效果。所以教师在安排这一活动时，要精心策划学生动手操作的时间、学生语言交流的时间、学生展示的时间、学生总结的时间，做到心中有数，让课堂活动更加完美有效。

二、对活动过程的预设

英语教师在选择并安排了课堂活动后，要对活动的整个过程进行精细的梳理。倘若教师没有精心计划，在活动展开时，频频打断，提要求，进行补充，调整环节，将会使学生参与活动的热情大打折扣，最终影响教学质量。基于这些情况，教师设计活动时，必须考虑好这些问题：活动的目的是什么？通过活动提高学生哪些能力？活动的形式是什么？几个人参与活动？如何组织活动才能保证全体学生参与？教师甚至要预设对每位同学会提出什么活动要求，学生要做什么、怎么做，重点要注意哪些细节问题，等等。教师只有做到心中有预设，课堂活动才会井然有序。比如在让学生做汉堡包的活动中，教师计划让组长组织小组成员说说用到的原料，这样既复习了相关单词，又熟悉了所要用到的材料。然后一名组员动手做，组内其他成员边观察边用英语说步骤。这样的预设，效果要比让大家一起动手做更好。最后，让组长组织大家用first，then，last描述每一个步骤，并推荐组员在班级展示。这样的预设要比组长直接展示更好，可以使每一个学生都得到语言训练，并在倾听与互相纠错中提升学习能力。学生在实际活动中动手操作、边观察边描述，最后每个同学都能完整地描述做汉堡包的过程，达到本节课的教学目的。再比如，在小组调查活动中，教师要明确调查过程中由谁采访、由谁做记录、由谁来报告、由谁来评价等细节。只有教师将活动过程的预设做细致了，才能保证课堂活动自始至终组织严密、有序有效，达到教学目标。

三、对活动差异的预设

当让全班同学开展同一个活动时，不同小组活动的进展状况与结果是不一的。教师要明确哪些小组需要教师或同学的帮助与指导，哪些学生会出现问题，从而在开展课堂活动时及时对个别学生或小组给予关注，及时帮助他们解决问题，让他们顺利完成学习任务。同时教师也要考虑到部分速度快、思维敏捷的小组，为他们准备一些有挑战性的学习内容。教师只有在活动开始前进行充分预设，才能保证课堂活动不但具有挑战性，而且能有效吸引学生，满足学生在活动中学习，在学习中实践的愿望。

四、对活动场景的预设

英语是一门语言学科，语言交际需要场景，教师只有提前做好场景预设与安排，才会使课堂活动开展得有声有色。在进行人教版七年级上册第六单元*How much are these socks?* 的教学时，教师可以安排简单的购物场景，布置一个Clothes Store，这样学生容易找到购物的感觉，表演起来也更真实，对成对出现的socks，gloves以及pairs的用法也会更容易掌握，在谈论物品的价格时也会更加得心应手，从而能够很好地去运用语言，学习语言，习得语言。

五、对活动结果的预设

开展什么样的活动，达到什么样的效果，这都是教师课前应思考的问题。教师只有对活动结果多预设几次，才能选择最佳的活动方式去开展课堂活动，课堂活动才会焕发出生命力。比如在英语阅读教学的精读环节，在提出学习目标与任务后，教师们更愿意安排小组或者一两个学生共同阅读。这种合作学习的方式，使每个学生都能动起来，既发挥了优秀学生的引领指导作用，又使一部分学生获得帮助并理解阅读内容，其结果好于学生独立学习。因为它避免了一部分学生无法完全解决困难的问题，也打破了教师一人讲解、学生被动听课的沉闷局面。

形式多样的课堂活动拓宽了学生学习英语的渠道，助推了学生身心的全面发展。教师科学安排教学活动并在教学前多做一些课堂活动的预设，将会避免许多不利于课堂教学的问题，使得英语课堂活动更加科学有效。

优化训练，提升农村初中学生英语听说能力

受农村的语言环境、教育资源、学习氛围等影响，农村学生小学阶段英语水平普遍较低，升入初中后，学生在英语学习习惯、听说能力等方面与城市学生相比差距更加明显。这种差距影响了课堂互动，也影响到孩子们的学习情绪，是农村初中英语教育工作者亟待解决的重要问题。

如何依托教材，立足课堂，高效利用有限的训练时间，让学生的英语听说能力得到均衡发展，提升学习英语的自信呢？笔者通过调查与实践认为，教师在课堂上要充分调动每一个学生的积极性，发挥每一个孩子的学习自主性，组织好每节课的听说训练活动，坚持不懈地培养学生的听、说、读、写能力。

一、明确重点，有的放矢

英语是一门语言学科，学生在理解学习内容的基础上，还须正确表达出来，不能学成"哑巴英语"。要让学生在英语课上想说、敢说、能说、会说、善说，有效地提升听、说能力，教师须理清课堂重点内容，进行集中训练。如果教师在一节课兼顾的内容太多，主次不分，就会顾此失彼，难以做到集中训练。

1. 合理制定难点内容

部分学生因为基础薄弱，害怕出错，所以不敢张口，因此教师在课堂上的集中训练就显得尤其重要。集中训练的目的就是让所有学生全神贯注地参与学习，通过师生、生生互助，完全理解、掌握所学内容，并能运用所学内容流畅地表达自己的想法。每节课通过精练突破一个小目标，循序渐进，每单元就会达成一个大目标。这样层层推进，学生就不会感到节奏太快、内容

太多，也就不会产生畏难情绪了。比如学习人教版八年级下册第二单元*Could you please clean your room?* 的第一课时时，训练的主旨是如何有礼貌地向别人发出请求和进行应答。本节课涉及的新单词有rubbish、sweep、floor、fold等，相关短语有sweep the floor，fold your clothes，take out the rubbish，make the bed等。那么训练内容就要与新单词相关。如"A：Could you please clean your room /sweep the floor/ fold your clothes/take out the rubbish? B：Yes，I can./ All right./ Sure./ No problem./ Certainly. 或者Sorry，I can't. I have to...."这一内容的筛选与确定，让学习目标更清晰、更集中，可以让学生在新单词与短语的运用中，在轻松自在的交流中互相检查，纠正语言和语法上的问题。学生们在听录音模仿语音语调的同时，也可以纠正自己的读音，在短时间内消化所学内容。教师合理规划，层层深入制定难点内容，可以提高学生的学习兴趣，提升学生的听说能力。

2. 选择适合的训练方式

要让每一个学生参与训练，并能熟练运用新内容，训练方式的选择就十分重要。每一节课的课堂训练时间有限，教师既要通过自我或学生示范，为学生输入新的语言信息，又要在练习过程中指导他们如何交流、如何互相帮助、如何互相指导，以防学生被动模仿，一知半解。比如教师让学生观察对比Can you clean your room？与Could you please clean your room? 的差异，引导学生感受如何才能更加礼貌地请求别人帮助自己。然后引入短语sweep the floor，鼓励他们尝试新的句型Could you please sweep the floor? 并有礼貌地回答。对于学生的不同答案，教师可以借助多媒体迅速出示合理的应答方式，即Yes，I can./All right./Sure./No problem./Certainly. /Sorry，I can't. I have to....去规范。学生学会了有礼貌地请求别人帮助自己与礼貌应答后，教师再给出新的训练任务，即fold the bed，take out trash等。学生都愿意张口去说，此时教师可以提出明确的要求，放手让学生互相训练、互相指导，学生会很快掌握并能运用新短语围绕重点话题交流。这种重点内容集中训练的方式可以照顾到班上听力与口语薄弱的学生，缩小学生间的差距，让全班学生迅速进入学习状态。

3. 培养倾听习惯

集中训练的目的是让每一个孩子开口说话，而训练后的展示活动，会让孩子们在表现与倾听中更加完善自己，变得更加自信。当学生对某个语言项目已经非常熟悉、熟练，并能脱口而出时，他们就会特别喜欢在课堂上展示自己。一般情况下，展示的学生格外注意自己的语言、神态，其他学生的注意力会比较松散，因此教师要指导学生学会倾听，养成良好的倾听习惯，教师要告诉学生倾听时要关注展示同学的语音是否准确，表达方式是否合理，语句有无错误，并要能随时指正。而教师要对学生练习时出现的突出问题予以纠正、指导。

二、创新训练，整合内容

整合创新是学生实现自主学习的一种个性化训练方式。当学生对一节课的关键点掌握透彻后，教师可以设计开放性的话题，让学生进行创新，拓展内容。教师还可以搭建更加广阔的空间与平台，让学生通过小组合作交流，对本节课内容进行拓展延伸，这样，相对优秀的孩子可以带动小组成员迈开更大的步子。

1. 创设情境，深度训练

随着学生的语言慢慢丰富起来，谈论的内容也有了自主性，这时教师就需要在每一节课创设情境，安排一些创新性活动，让学生在小组互动中交流自己的想法，发展听说能力。比如在学习人教版七年级下册 *How Do You Go to School?* 这一单元时，第一课时在围绕上学方式的表达 I go to school by bike 与关键短语 by bus/ride a bike/take a train 进行集中训练后，可以让学生谈谈亲友上班的方式。第二课时集中训练的句式是 It takes somebody some time to do something. 当学生练会了 How long does it take you to go to school? It takes me ten minutes to walk to school 后，教师可以引导学生整合第一、二课时的内容，自由交流真实的生活状态。第三课时集中训练 How far is it from...to...? It's ten kilometers. 后，教师可以指导学生整合三节课的内容，交流生活中的场景。这种层次性训练会让学生越来越自信，表达得越来越流畅。

2. 激活课堂，舞台呈现

纸笔测试能让学生了解自己对单元知识的掌握程度。演讲、重述短文、演绎课本剧、歌唱等综合表现方式，让学生可以尽情发挥自己的学科能力。学生在展示、观看、倾听、反思、评判中，悄然发生改变，逐渐得到全面发展，真正提升核心素养。

　　在集中训练模式下，关注全体学生，没有学生掉队；创新训练活动中，立足生本，没有学生不参与。以丰富多彩的方式展开听说训练，深入文本内容，拓展课程内容，教师可以提升学生的核心素养，教学活动也会收到事半功倍的效果。

提升县城初中英语课堂教学效率之我见

随着新课改的推行，越来越多的初中英语教师把课堂教学目标定位在"提高课堂效率，关注学生健康成长"这一内容上。但对于县城初中英语教师来说，要真正实现这一课堂教学目标实属困难。因为当前县城初中英语教学面临着一系列难题。大班额教学、学生听说能力弱、学生水平参差不齐等问题，已成为制约教师提升课堂效率的最大难题。为此，笔者结合多年在县城初中英语教学的实践经验，提出在县城初中英语课堂教学中，有效改变课堂面貌，提升学生学习力，提升课堂效率的几点策略。

一、加强阅读，培养学生自学能力

在一份有关中学生阅读的调查报告中，显示了这样的结果：有95%的学生能够看懂语文教材，有80%的学生能够看懂数学教材，有30%的学生能够看懂物理教材。从中不难发现，自主阅读能力不强是中学生学习的最大障碍。但是许多县城初中英语教师总担心学生基础薄弱，在阅读教学中，仍以讲解生词、补充词组、罗列搭配、英汉翻译、讲解语段为主，忽略了学生自主阅读能力的培养。笔者根据多年教学经验认为，根据课文内容设定阅读目标，提出要求，放手让学生带着问题自主阅读效果甚好。无论是散读、齐读，还是跟录音读，学生都能积极主动地阅读，解决老师提出的问题，并能发现问题，积极寻求解决办法。笔者多年来在县城初中英语教学中一直坚持采用"先学后教，当堂训练"的教学模式。"先学"主要是通过阅读来完成的，以适度的阅读代替听讲，让学生在阅读的基础上进行课堂学习，学生带着问题进行学习，学习效果甚好。

二、调查互动，促进学生知识迁移

如何在县城初中英语课堂教学中对学生已有知识进行迁移，提升课堂效率？——让学生结合生活经验，进行调查互动。调查互动是一个非常有效的提升课堂效率的途径。实际操作过程是：在学习新课前，教师以轻松愉快的调查活动引入，非常巧妙地将新知识与学生生活实际相结合，在谈话间引入新语言项目的学习。比如进行人教版七年级下册第九单元*How was your weekend*? 课堂教学时，教师明确本单元要学习的是过去时态，并以学生周末经历引出新语法，练习新语法。之后以调查学生What did you do last Sunday? 为切入点，板书罗列学生的活动内容，让学生在调查活动中迁移所学知识，实现活学活用。教师还可以将此项活动延续一下，调查班上有多少人参与了同一项活动，再根据调查情况，指导学生说出Most of students did...，Some students did...，All of students did...，并让学生写出调查报告。这种真实的调查互动为课堂带来活力，让语言有了生机；这样的课堂教学改变了教师让学生读、练、做的现状，使学生由"要我说"变成了"我想说，我要说"，提升了课堂效率。

三、联想拓展，扩充词汇容量

词汇链是学生识记巩固单词非常有效的方法，县城初中英语教师在教学新单词时除了让学生借助实物、图片学习单词外，还要分类设计单词，让学生学习单词时能产生联想，巩固相关的词汇。如学生在谈论天气的时候学习了名词rain，相应地也要了解动词rain，形容词rainy，还要联想到各种天气状况，联想到谈论天气时使用的常用语What's the weather like? 与How is the weather? 在学习happy时，教师要启发学生联想到happily、happiness、unhappy及其用法。教师在课堂教学中要随时随地引导学生建立强大的词汇链，帮助学生快速复习已学单词，指导他们完善新单词的运用与记忆，让联想成为学生复习、扩充词汇最有效的方法。

四、创设情境，提高学生表达能力

在学生已经形成系统的语言储备之后，可以让学生根据课本上的对话信息，自己创新对话，此方法可有效训练学生的表达能力。课堂上学生学习了新内容后，教师要创设真实的语言情境，打开学生互动交流的局面。如在教室内设购物角，让学生用英语表演与同伴去商场购物的情景，拿出手机模拟给妈妈打电话，跟同学交流窗外真实的天气状况，跟同学谈论自己喜欢的科目与任课老师特点，等等。学生联系生活实际，运用所学内容交流，可以提升表达能力。在此活动中，通过每位学生的神情、动作、语言，教师能准确了解学生的理解程度和存在的问题，从而随时纠正学生口语表达中的错误。通过这些活动，那些基础薄弱、不愿张嘴的学生，在与同伴的互助、合作中，提升了语言表达能力，增进了彼此的感情。

五、趣味游戏，激发学生学习兴趣

在县城初中英语教学中增加游戏活动，往往能使学生学习情绪高涨起来，在高涨的情绪中学生积极参与活动，主动获取知识，使课堂效率达到事半功倍的效果。比如通过做游戏来记忆单词，先让学生猜猜老师手中的单词或让学生快速找到教师所读单词的相应实物；让学生以游戏巩固句型，猜猜别人昨天干了什么，明天打算干什么，在潜移默化中复习了时态。当然，在游戏活动过程中，教师要利用多种途径调动学生的积极性和参与性，让他们通过参与，熟悉单词，记忆单词。最后，教师逐级加大教学难度，设计重点句型，引导、指导、帮助学生会话。在英语教学中借助游戏，将会激发学生学习兴趣，极大地提升县城初中英语课堂教学效率。

综上所述，在县城初中英语教学中，教师若能科学合理地本着"加强阅读，培养学生自学能力；调查互动，促成学生知识迁移；联想拓展，扩充词汇容量；创设情境，提高学生表达能力；趣味游戏，激发学生学习兴趣"五个方面的策略，进行县城初中英语课堂教学，不但可以提高课堂效率，提升学生成绩，而且可以改变县城初中学生学习状态，提升学生的英语学习能力。

农村初中英语阅读教学应注重学生思维能力与感悟力的培养

目前，农村学生的英语学习水平相对于城市学生来说仍有一定差距，主要是受学校的师资力量与英语学习环境的制约。部分农村学生小学时就不重视英语课，英语基础薄弱。上了初中，他们更是怕记单词、怕交流、怕英语阅读。学生思维能力、感悟力不强，因此整体阅读速度慢、理解能力弱。有些学生甚至把阅读当成了一种负担。要想改变这种状况，教师在阅读教学中要注重培养学生的思维能力与感悟力。

一、农村学校英语阅读教学现状

初中英语教材中选用的大部分阅读文本都非常有趣、经典，但部分教师的教学计划只注重自己的教学，很少考虑是否适合学生；也很少想办法让学生读懂文章，理解文章，感受文章，课堂上真正留给学生阅读、思考、交流的机会少。

由于阅读涉及的词汇多，语法、语言现象集中，部分教师把它定位为提升学生英语基础知识的主阵地，在阅读教学中更倾向学习词汇、语法、句子结构等内容，淡化了整篇阅读能力的培养与思维训练，削弱了学生阅读理解能力的训练。

部分教师对学生阅读效果的定位仍有功利性，对学生的阅读指导与要求没有明显梯度，只是强调阅读结果，即练习题的正确率，轻视学生阅读品质与习惯的培养。教师并没有真正引导学生在阅读中与作者对话，体会精美文章的意蕴，也就更谈不上逻辑培养、情感渗透，以及让学生进行自我提升。

要让农村学生的英语阅读能力有所突破，教师首先要有阅读教学的前瞻性、思想性，在研究教材的时候，要深度挖掘文本的内涵，精心设计教学思路，指导学生逐渐学会自主阅读，学会思考。

二、精心设计思考内容，培养学生阅读品质

1. 设计阅读前，激发学生阅读兴趣

阅读教学前，教师首先要梳理阅读语篇的背景、内容、内涵，运用有价值的问题或思考点，启发学生思维，激发学生阅读的欲望。比如在学习人教版九年级第八单元的阅读文本*Stonehenge—Can anyone explain why it is there?*时，我把自己在深圳世界之窗拍的照片呈现给学生。学生看到英国的巨石阵缩影，都感到非常新奇。我与学生一起欣赏照片，介绍巨石阵的位置，鼓励他们猜测巨石阵的成因与用途。大部分学生运用自己所学的知识与问题产生了联想，大胆猜测并说出自己的想法。还有一部分学生无法解释又特别想知道原因。此时，我让学生去阅读文章，让他们在阅读中验证自己的猜测，寻找答案。学生们非常用心，尽管文章中有新单词，也有理解不清的句子，但他们愿意读下去。阅读前的问题不但引发了学生思考，而且使阅读课趣味横生。在学习*Save the Sharks*这篇阅读课文时，我选用了一段与文本契合度非常高的视频资料，让学生观看鲨鱼被捕捞后，被割下鳍扔进大海的景象，感受鲨鱼面临的危险，并进行深度思考：Will the sharks be endangered? 引导学生关注社会焦点，发表自己的见解与看法，这些活动会让学生处于一种积极的思维状态中，使他们在阅读时对文本的内容产生浓厚的兴趣。

2. 设计阅读中，引领学生理解文本内涵

学生对感兴趣并特别喜欢的文章，会愿意读下去，在自我满足与品评中理解文章的深层含义。对于大部分阅读文本，教师得先梳理出一条明晰的问题链，以问题链引领学生阅读及思考。比如学习人教版九年级第九单元的阅读文本*Sad but Beautiful*时，学生在课前了解了阿炳坎坷的生平、极高的音乐造诣和他的不朽作品《二泉映月》，那么在上课时让学生猜猜课文写了什么，怎么写的，他们会对文本内容及文字的表达方式产生兴趣。比如可以让学生尝试用英文简单介绍一下阿炳的经历，然后去读描写阿炳经历的这一段文本，看看文章布局与表达方式和自己想的有什么不同。学生通过课文内容

了解了阿炳的艰辛生活，也就真正体会到了音乐的凄美，明白了文章标题 *Sad but Beautiful* 的真正含义，知道了我们被《二泉映月》感动的原因是什么，那么学生也就在思考与阅读中将这篇文章理解透彻了。

教师除了在阅读中引导孩子们快速捕捉有关"what、how、when、where"等内容，让学生对文章大意有所了解，还要多问几个"why或what do you think of...?"之类的问题，让学生对文章内容有深层理解，培养学生自我思考与自我整合能力，让学生在读懂文章的同时，思考与感悟文章的内容。

3. 设计阅读后，让学生思想升华

真正的阅读是心灵的对话，是用一种情绪激发另一种情绪。我们应该引导学生走出功利性的阅读模式，指导学生学会阅读，学会思考。比如在学习了 *Save the sharks* 后，可以让学生小组讨论如何拯救鲨鱼。学生在琢磨如何拯救鲨鱼的过程中也就会从内心产生一种责任感，从而自然而然地成了保护地球的小卫士。这个活动会将学生阅读的过程转化为学生自我教育的过程，使得教学知识向育智育人转变。利用文本最后一段提到的两个机构Wild Aid 和WWF，让学生明白全世界都在关注环境保护，我们也应该加入环保队伍，一起去保护我们赖以生存的家园。通过阅读后的思维拓展，可以培养学生品质，发展学生心智。

教师通过有效的阅读方式指导学生学会阅读，通过具有思考价值的问题引领学生读懂文章，帮助学生逐步提升思维能力与感悟力，能够真正培养学生阅读、思考、品味文章的好习惯，使阅读成为学生的兴趣。

初中英语教学，教师应关注什么

教学过程就是一个不断促进学生发展的过程。初中阶段是一个人成才的关键时期，如果教师能够给予学生必要的、积极的帮助，就会促进他们发展，帮助他们"起飞"。初中英语教学，如何帮助学生获得终身学习英语的能力，是摆在我们初中英语教师面前的首要问题。作为长期在初中英语教学一线工作的教师，我经常思考这些问题：英语教师在课堂上究竟该让学生学到什么知识？获取什么信息？获得什么能力？英语教育的目的究竟是什么？通过反复的思考，我认为，教学的过程不是简单地对书本的重复，而是经验的积累、思维的碰撞、心灵的对话以及对生命的关照。作为一名英语教师，只有关注学生的学习过程和学习状态，才能使学生发生变化，解决以上教学过程中的问题和困惑。

一、关注学生的学习态度

俗话说：态度决定一切。态度是学生学业取得成功的关键，也是决定学生学习兴趣和动力的助推器。一个学生如果有积极的学习态度，就会对学习产生浓厚的兴趣和饱满的热情，在学习过程中也就会有坚定的信念和主动合作的意识，这些都是影响学生学习效率和学习效能的根本因素。一名优秀的英语教师总能在英语教学过程中关注学生的学习态度，想办法调动学生的积极性，让学生喜欢英语、酷爱英语并为之而努力。教师还要充分利用英语学科的开放性以及世界各地的文化背景，注重在教学的过程中潜移默化地影响学生，帮助学生确定远大目标，认真对待学习中的每一个环节，实事求是地对待学业中的进步与不足。这样，学生的英语学习成绩才会稳定提高，人格也会得到健全发展。

二、关注学生的学习习惯

良好的学习习惯是学生学习具有主动性和积极性的表现。英语是一门交际性语言学科，它既是一门语言工具，又具有很强的实用性。一个学生如果能养成良好的记忆、听说、读写等英语学习习惯，就会大大提高英语的学习效率。教师在平时的教学中要培养学生这些学习习惯，帮助学生逐渐形成自己的学习技巧。如词汇学习，优秀的学生在老师的帮助下能找到自己的最佳学习、积累方式，随着词汇的丰富，记单词越来越容易，逐渐养成自主学习的习惯。而部分懒惰的学生，连最基本的拼读规则都不清楚，单词不愿记，知识点掌握不透，还有拖延的习惯，长此以往，累积的词汇量少，就会逐渐失去学习英语的信心。如果教师不关注学生的不良学习习惯，不闻不问，学生会逐渐失去学习的自觉性和主动性。因此，教师要时刻关注学生的学习习惯和学习能力，提醒和帮助他们逐渐改掉不良习惯，让他们在教师的指导下循序渐进，做到今日事，今日毕，尤其对于初学者，更要养成积累词汇的好习惯。当然，学好英语，还要培养学生朗读、听说、写作等习惯。随着良好习惯的养成，学生逐渐学会学习，学习效率也会大大提高。

三、关注师生双边活动的课堂

师生活动的主阵地是课堂。在课堂上，学生始终是教师引导、帮助的对象。课堂是学生学习知识、获取信息、获得能力和发展的主要渠道。教师关注课堂要从以下几点做起。

1. 关注学生的思维过程

在课堂教学过程中，学生的思维如果始终处于积极、主动的状态，学生就能够敏锐地捕捉到信息。浙江洋思中学有个说法："让学生上课像考试一样紧张。"其实就是告诉每位教师要时刻关注学生，让每一位学生都紧张起来，在课堂上全身心投入，高效学习。学生在精力高度集中的情况下学得会很快，理解掌握得也会更透彻，故学习效率会很高。在课堂活动中，每个学生的神情与语言都能准确传递他的思维与理解程度，教师可以顺势解决学生理解中存在的问题或困惑。同时教师也能发现他们是否在积极思考、用心体会。教师的关注会使学生学习更加投入，更认真地去对待每一节课。

2. 关注学生的反馈

反馈是一个信息互动和交流的过程，教师通过学生的语言、表情、作业反馈能够获取学生的学习状态。初中阶段的英语课堂活动性强，知识点多，而教师必须通过关注学生信息的反馈，寻找他们在语言交流、书面作业中暴露的主要问题，并着手解决。教师要善于倾听，并教育学生善于倾听。教师要及时解决学生在交流中出现的语病和其他问题，让学生能自如运用所获得的知识，进行实际的交流。教师要善于关注作业中出现的问题，善于发现、勤于总结、适时帮助，同时对每个学生的细节问题都要认真对待，妥善解决。这样学生的学习才会有所突破，有所发展，进而提高学习效率。

3. 关注学生的同伴互助

同伴互助学习作为新课程的一大基本理念，已经在英语教学中起到了举足轻重的作用。教师是纽带，要疏通好同伴互助。这种"一帮一"的模式不仅能有效解决学困生的学习问题，还能促进优秀学生的能力提高。优秀学生要想帮助他人，自己就需要充分地理解所学内容，就会有紧迫感和责任感。能把自己理解的知识清晰地表述出来，这本身就是一种提高，尤其对于语言学科，部分学生怕张嘴说话，这种同伴互助的方式就创造了良好的机会，让更多的学生有机会表述自己的观点，并在他人帮助下大胆对话，发展语言能力。有些学生则起到"小老师"的作用，让同伴受益匪浅。他会在课上，甚至课后耐心指导同伴学习英语，帮助、影响同伴养成良好的学习习惯，共同进步。

4. 关注教学的细节

在英语教学中，如果教师只会根据教科书按部就班地为学生传授书本知识，生硬地讲授、机械地安排学生互动，那就会出现教师教得平淡、学生学得无味的现象。而一个善于关注教学细节的教师总会在研究教材的过程中创造性地使用教材，根据学生的学情重新整合教材，让教材富有情趣，让授课方式更加新颖，让课堂充满活力，让学生有参与的欲望，让学生在轻松愉快的环境中乐学、好学。利用图片、实物、一定的情境让学生学习单词，其效果远优于教师领读后让学生独立地记忆单词；引导学生进行开放性、创新性的对话，远比让学生齐声朗读的效果要好。这种贴近学生生活实际的教学，需要教师关注每一个细节，不敷衍教学，才会使自己的教学有新意。再比如在阅读课上，教师要设法进行阅读策略的指导。如看清题目，猜大意；快速浏览，总结主旨内容；读每一段第一句，了解段意；阅读后回顾、熟悉文章；等等。教师提供一些细节性的阅读策略，可以提高学生的阅读技巧。如果教师只关注学生阅读、翻译文本、完成练习，那么学生的思维得不到发展，阅读能力得不到提高，课堂效率自然也不会高。新课程的内容编排富有新意，更适合学生发展。教师追求细节完美，才会给课堂带来意想不到的效果。

作为一门基础性、工具性的语言学科，教师要积极关注学生的学习态度、学习习惯以及学习过程，这样才能使自己的英语课堂充满魅力、个性十足、高效多彩，引领学生乐学上进，形成优秀的学习品质。

初中英语命题需要注意的几个问题

学业水平测试是学校对学生一个阶段学习状况的检测，也是教师对教学工作的一次梳理总结。为了客观全面地了解每位学生的学习情况，拟一份让学生能够舒心作答，考出成就感的试题非常重要。试题既要能凸显学科性，强调基础性、层次性，也要能突出主干内容，落实新理念，注意情境化，符合学生身心特点。笔者从事多年初中英语命题与质量分析工作，认为命题者要注意以下几个问题。

一、试题要注意基础性

英语是一门语言学科，命题既要关注基础知识，也要关注基本能力。初中英语水平测试题的70%应该是以课本为主的基础性内容，比如本学期所学到的语音、词汇、语法、交际用语、阅读理解、话题写作等都应有所涉及。试题可以通过听力、完形填空、阅读、写作等形式呈现，内容要生动有趣、有意义，能够考查学生真实的学业水平，让所有的学生在考场上有一个良好的作答状态，信心十足、正常发挥。通过答卷能够反映出学生在学习中存在的问题，教师可以据此调整教学方式。命题要避免过难、过偏、脱离实际，以免打击学生的自信心。

二、试题要注意全面性

命题人明确命题范围后，首先要列出检测范围内的各个单元内容，计划分值比例，确定考点、试题难易分布情况。一套完美的试题基本能统领一学期的教材，涵盖所有学过的内容。各单元权重要相当，分配要合理，要避免内容过于集中，考点与题型重复。其次，要讲求考查方式的全面性与新颖性。比如考查某个知识点的同时让学生了解科学知识或新信息；通过阅读在考查学生分析、判断能力的同时让他们明白某一个道理；通过完形填空在考查学生逻辑思维能力的同时，渗透跨学科教育，突破学科界限，增加学科张力，实现全面育人，提升学生综合素养。

三、试题要注意灵活性

初中学生的测试卷不但要涵盖课本基础知识，还要注重对学生思维的启迪与拓展。试题的内容要具有思想性、生活性、趣味性与教育性。每一道题要渗透什么理念，传递什么信息，解决什么问题，达成什么目的，都要做到目标明晰。题目设置要灵活，要有含金量。避免下载组合、不加筛选、无思维含量的试题，也要避免根据课本内容就知识考知识，内容僵化的试题。命题教师的思维格局、命题方向会影响学生的思维与视野。因此命题教师要视野广阔，思维灵活，尽量为学生提供有引领性、可考性强的优秀试题。

四、试题要注意应用性

通过初中英语学习，学生要具有国际视野与基本的语言交际能力，能通过阅读获取基本信息，从而为今后的生活、学习打下基础。因此英语试题命题要紧密联系实际，来源于生活，服务于生活。试卷要能在考查某一个语言点或学生阅读理解能力的同时，渗透不同国家的风土人情、文化差异、时政热点、科学知识等，以培养学生在学习语言的过程中，运用语言解决问题，大胆运用学过的交际语言进行沟通的能力。

五、试题要注意思想性

文科类的试题涉及面广，思想性强，试题中会涉及大量的阅读材料，命题人要广读、精选，把真正适合学生学段、年龄特征，并具有正能量、思想性强的文本选出来再加工。无论文本是科普、故事、寓言，还是其他类型的文章，都要能使学生在读完后，在内心留下美好而有价值的东西。另外，阅读类试题的设计也要有一定的思想性，命题教师要仔细推敲、研究出题方式与内容，重在培养学生略读、寻读、品读的良好习惯，提高学生搜寻信息、提炼信息、整理文本思想的能力。

六、试题要注意层次性

测试对于学生而言是一件严肃的事情，学生在考场上内心容易紧张。因此试题要遵循由易到难的原则。听力从"词汇—句子—对话—短文"，难度逐渐加深。选择、词汇、阅读等从基础到综合，比如从form到meaning再到use。教师对每一个考点涉及的内容，要做到难易适度。在70%的基础试题外，要留给考生20%的能力提升试题、10%的挑战性试题。试题由浅入深、由易到难，可以满足各层次学生的需求。

总之，一套优秀的试卷会让学生感受到收获的喜悦，认识到学习中的不足，不断改进学习方法，提升学习能力。同时也可以让教师看到自己的教学成果，发现自己教学中的短板，调整教学方法。

学伴互助，和谐共进

生活中有一个好玩伴，会带给孩子们快乐与能量，让孩子们更幸福、更开心。学习中有一个好学伴，也能让孩子们建立友谊，分享智慧，传递思想。语言学科的交际功能更需要学生间的互动、互助、互学、互研、互相提升。英语教师关注有效的生生互助、互学活动，为各层次学生搭建学习与提升的平台，会让学生的英语学习变得更加轻松、高效，充满乐趣与活力，实现互助共赢。

一、互查互管，互相促进

高质量完成作业、做好预习工作是上好新课的有力保障。那么如何督查学生做好这些工作并养成良好的习惯呢？学伴之间的互助互管是一个有效的途径。一般来说，学生的座位是教师在充分了解所有学生的基础上，根据学生的学习品质、习惯、兴趣、性格、成绩等特征合理安排的。每一对同桌都是能够互相学习、互相促进的学习共同体，在教师的指导与要求下，为了同样的目标达成共识，互助互管，共同进步。比如教师明确要求学生作业要工整、准确、完整，预习要扎实，要善于提出问题。那么同桌每天课前就要互检作业、互相点评作业，这样可以有效培养学生主动思考、认真书写、按时完成作业的好习惯，学生还能在同桌的帮助下取长补短，查漏补缺。同桌间每天在课前预习交流，可以拓展信息，互助答疑。当学习共同体有了良好的学习习惯和合作习惯，他们之间就有了信任感、责任感，就会尽心尽力地互帮互助。这样一来，一些对学习不在意的学生，会在责任与信任中快速成长，逐渐养成良好的学习习惯和合作习惯。那些丢三落四的学生，就会刻意去记住作业内容。那些书写粗心的学生会逐渐改掉书写潦草的毛病。偷懒的学生会慢慢减少，而认真负责的学生会越来越多。这种让学生互相检查、互相管理的策略，培养了学生互相影响、互相学习的好品质，也培养了学生课后及时巩固和课前预习的好习惯。

二、互查互助，互补短板

熟记英语单词是学生学好英语的基本，大部分学生都有及时积累已学词汇的习惯，但班级内仍然存在部分懒惰或记忆力不佳的学生。每一天的词汇互查活动能促进学生及时梳理、记忆单词，养成英语单词日日清的好习惯。教授新课前教师有必要安排两三分钟的同桌互查时间，指导学生互相检查上节课学过的词汇情况，包括读音、拼写、词性、相关短语、句子等。通过互查活动，同桌间互相纠正错误、强化记忆，解决了单词读不准、记不牢、不会用的问题。通过两三分钟的互查活动，学生对学过的内容做一次梳理复习，对发现的问题及时解决，这样学生就更容易进入学习新课的状态。如果长期坚持这项活动，学生就会明白每天理清学过的知识是自己的责任，互相检查、补足短板也是同桌间的义务，从而会更加积极主动地记单词。当然，这种互查活动也可以在全班同学面前进行。比如新课前选几组学生，让他们分别上台展示互查活动。学生在倾听时不但共同巩固了知识、熟悉了词汇，而且在关注其他同学的互查方式、内容、效果的同时，也学会如何协作，如何准确表述，如何客观评价，如何有效解决问题。

三、互创机会，互研互练

在英语课堂教学过程中，教师在引导学生解决本节课的重难点问题时，学生的互动交流非常重要。教师要给足时间让学生互相说说对相关知识的理解，比如自己知道了些什么，想到了些什么，不明白什么，等等。学生会在交流中强化知识，在互相启迪中获得智慧，对重难点的理解也会更加透彻。在做相应的练习时，学生也可以互相商讨完成。他们在商讨的过程中，学会分析题意、理清思路、认真解答，并能把更多同类的、相关的知识点联系起来，梳理知识结构体系。这种和谐的互研互练活动，既发挥了一部分学生的特长与优势，也使其他学生有了动力、底气与自信。学生在共同学习、共同探究基础上，学习能力也会得到提高，逐渐变成品学兼优、乐于助人的学生。

英语课堂的交流与互动应比其他科目更为频繁。情境对话是新的语言项目训练的有效手段，创新对话更是学生语言能力提升的体现。但课堂上总会有一些学生语言能力弱，不愿张嘴，不敢表现，甚至有个别学生怕说错不愿交流。而同伴间的互助、互练活动则能有效促进对话练习。同龄人之间的真诚互助会消除学生学习上的无助与孤单感。学生更愿意在学伴的帮助下体验新知识，运用新知识，强化新知识，在创新会话中增强知识的运用能力。部分学生在同伴帮助与影响下会增强自信心，逐渐变得勇敢、大方，敢于在全班同学面前展示自我，在交流与展示中不断进步。优秀学生也会有更多练习机会，让自己更加优秀。

四、互讲互读，互相提升

由于词汇量、理解力存在差异，班上会出现学生阅读能力不同步的现象。互助阅读能有效提升学生阅读能力，缩小学生间阅读能力的差距。做阅读训练时，教师可以在阅读内容、阅读时间上分层。比如练习课上教师留给学生三篇阅读练习，在一定时间内要求全班学生完成两篇阅读，学有余力的学生可以挑战完成三篇。也可以在学生自主阅读后，安排互助阅读。比如同伴间互讲短文，互通信息，从文章的主旨内容到练习题进行一一交流。如果同伴意见不一，可以共同梳理阅读内容，互相商讨解决。对于稍难的短文，两人可以再次共同阅读。优秀的一个可以从阅读策略、答题技巧等方面，引导对方学会筛选信息、捕捉信息、提炼主旨的方法；阅读有困难的学生可以借力于同伴，提升阅读技巧。这样既保障了优秀学生阅读训练量，又保障了其他学生能够深度阅读。互助阅读让学生愿意阅读，让更多的学生真正进入阅读、思考的境界。同伴是最好的老师，学生会用自己的方法，指导同伴去抓关键词、关键句，提高答题的准确率。而在互助阅读的过程中，学生的思维能力、理解能力、语言组织能力、整合能力也会得到相应提高。

五、互批互改，互相总结

在每单元结束之后，进行一次单元测试可以有效检测学生单元学习情况，教师可以随时掌握学生的学习盲点，及时跟进教学。同伴互批互改测试卷，总结学习中存在的问题，能提升学生自我诊断与分析问题的能力。教师可以以布置家庭作业的方式或集中测试的形式，让学生在规定的时间内完成单元测试。然后指导学生根据所给出的要求与答案，互批对方的试卷，共同面对问题，请教他人和老师，弄清缘由。特别是英语作文的互批互改，可以培养学生修改作文的能力。这种检测方式能教会学生客观面对学习中的漏洞与盲点。学生间认真分析、解决彼此的问题，能更加扎实地巩固所学知识。这种方式也能激励学伴互相竞争，互相促进，共同进步。

互助互学策略让学生在互查互管、互查互助、互研互练、互讲互读、互批互改的互助过程中学会学习、学会探究、学会合作，培养学生良好的学习习惯和优秀的学习品质。

对课堂教学大比武活动的几点思考

课堂教学大比武活动是由教师全员参与，同科目教师同台赛课的一种教学活动。这一活动的要旨在于不断更新教师的课堂教学理念，积极推进课堂教学改革，以此来促进教师课堂教学能力的整体提升，从而最终提高学校教育教学质量。通过此活动的举办，学校不但可以及时关注教师个体的教学水平与发展状况，而且可以进一步制订教师专业发展的培养计划。同时，教师自己也可以通过参与课堂大比武活动，了解自身在某一阶段教育教学中的优势与短板，在总结反思中做好个人教学的发展规划。

对于课堂大比武活动，笔者参与过比赛、担任过评委，先后共经历过十四届学校举办的这一活动。在此期间，笔者目睹了许多优秀青年教师通过课堂教学大比武活动，突显了自己的教学优势，从中脱颖而出，逐渐步入了优秀教师行列。当然，笔者也在此活动中，看到了有些青年教师墨守成规，不思变、不进取，教学设计能力、课堂驾驭能力极其有限，教学业绩平平。面对如此差异，笔者对学校课堂教学大比武活动如何才能真正发挥作用，促进教师专业化成长，促进学校教学质量提高，有以下几点思考。

一、对教学大比武活动的定位要准确

教学大比武活动应该是学校对教师课堂教学能力全方位、全过程的一种检阅，而不是单纯以评优选先为目的的一种教学活动。因此，学校在制订活动方案时，既要考虑教师优秀课例的展示，还要对教师课后的反思、平时的教学实践和研究能力进行延伸。这样的活动方案，能使同学科教师在备课、上课的过程中相互借鉴，取长补短，相互欣赏，达到共同提升的目的。除此之外，还要对通过此活动选拔出的优秀教师更高层次的引导——鼓励他们参加县级、市级、省级课堂教学比赛；适时搭建平台，让他们承担不同层次的观摩课、公开课，并鼓励他们承担传、帮、带等工作，让他们在学校、学科团队的帮助下，发展成为学校的中坚力量。对于比赛中没有获奖的教师，应从他们的教学能力和水平出发，指出他们在此活动中的缺陷和不足，为他们制订合理适度的个人专业发展规划，期待他们一年上一个台阶，三年发生大变化，力争早日成为学校的教学骨干教师。这样，课堂大比武活动才能落到实处，才具有纵深发展的方向性和针对性。

二、要不断创新教学大比武活动的模式

倘若教学大比武活动每年都延续一种模式，教师就会因此厌倦比赛。所以，学校要在传承优秀做法的基础上进行模式创新，让参与者在挑战中实现更大的能力提升。常规的教学大比武活动，一般是学校安排若干个评委，在规定时间内，让教师进行同课异构，由评委听课打分，然后排序，公布成绩。通过同课异构活动，教师的课堂教学设计能力、课堂实施水平、学生的学习效果，都得到了有效展示。一些优秀的教学设计、优秀的课例、学生喜欢的教学方式、课堂共性的问题等也都能在此模式中呈现出来。这种模式，留足了教师充分准备的时间，课堂效果较好，教师暴露的问题也少。但随着信息化的不断发展，学校网络全覆盖后使用录播室进行课堂大比武的模式，也是一种比较容易操作的模式。这种模式下，需要让参赛教师提前半天抽签，备好课后去录播室上课，评委以视频方式集中听评课。授课者也可以进行微格教学。授课者课后可以自己听自己授课的内容，从中找出上课时出现的问题，进行剖析总结。这种模式的好处就是可以直面课堂、反复观看、聚焦问题、积极研判。时下，推门听课更是一种有效的课堂大比武活动模式。这种模式下，学校评委可以随时推门听课，在规定的几周内完成教学大比武活动。此模式随机性强，可以使教师认真对待每一节课，让每一节课都灵动高效。当然，每一次课堂教学大比武活动的主题要有所侧重，可以确定为提升教师信息技术与学科整合能力的主题，以交互式白板课例为主的主题，以阅读为主的主题、实验课主题、考查实验操作能力的主题，等等。模式多样化的目的就是通过三五年的活动引领，让每个教师的教育教学水平得到大幅度提高，从而促进学校教学质量的提高。

三、要与参与者交流教学大比武活动的信息

每一次教学大比武活动中都会推出教学新秀、教学能手和优质课。这些荣誉应该成为教师前行的动力和努力的目标。在每次的比赛结束后，评委要趁热打铁，与参赛者进行交流，肯定参赛者课堂教学的成功之处，及时指出参赛者课堂教学的不足，并相应给出合理的建议，尤其是对那些刚入职的青年参赛教师，评委要给予悉心点拨、指导和帮助。评委要从教学设计、课堂组织、学生学习状态、学习效果、课堂生成、作业预留、课堂随机处理方式、合理化建议等多个方面做耐心细致的交流。学校还可以用书面形式跟参赛者交流，如将评委的听课记录与评议内容复印给参赛教师，将评委的观课总结复印给参赛者，让他们在课后自己揣摩、自己反思、自我提升。

四、在教学大比武活动中，建立导师制

一般来讲，新入职教师的教学观、课堂观、学生观尚未成熟，他们的课堂教学水平与课堂管理水平都有待提升。因此，学校应该充分利用教学大比武活动，紧抓赛后的帮扶工作，即学校要抓住新入职教师的黄金发展期，连续三年进行教学大比武活动的跟踪培养，进一步促进青年教师的自觉性，让他们的教学风格逐渐走向稳定、成熟。学校在每一次赛后要建立好导师制，在教材研读、教学设计、活动开展、学生管理、作业批阅等方面做好结对帮扶工作，促进青年教师更快、更好地发展。

浅谈如何科学引导教师构建新的教学模式

随着教育教学改革的发展，传统的课堂教学模式已显露弊端，而灵动高效的课堂教学新模式也如雨后春笋般出现，并彰显了巨大的教育魅力，因而成为教师引领学生发展、教育发展的新引擎。许多学校校长、教师趋之若鹜地去学习借鉴这些课堂教学新模式，并向在这些课堂教学新模式下产生的名师名校积极靠拢。针对此现象，笔者认为在科学理性地借鉴优秀课堂教学新模式，推广并构建适合自己学校的课堂模式时，学校管理者要注意以下几点。

一、引导教师学习、研究、感受课堂新模式的魅力

由于教师的教育理念不同，综合素养、教学水平存在差异，因此学校管理者引入课堂教学新模式，往往在全面推行时可能会受阻。对此，学校管理者要通过不同渠道，引导全体教师积极学习、研究课堂教学新模式，积极尝试并推行课堂教学新模式。学校管理者要鼓励校内学科带头人、骨干教师、学科组长等教师率先尝试课堂教学新模式，并及时总结课堂教学新模式的实践得失。学校管理者要对因采用课堂教学新模式而使课堂教学行为发生显著变化、课堂教学效率明显提升的教师，给予表扬，鼓励其继续尝试创新，让这些在课堂教学新模式中受益的教师带动本组教师，带动有思想、有创新的教师大胆推广课堂教学新模式。

二、为教师提供援助、解决困惑，助推模式成长

许多教师在初次尝试新模式时会有许多困惑，因为课堂教学新模式与教师原有的经验与固有的教学方式存在很大差异，突然间转变自己原有的教学模式，去实施课堂教学新模式，会不适应。当教师有困难时，学校管理者要

想办法及时帮助教师解除困惑。比如在实践阶段请教育专家深入课堂，为课堂新模式"把脉"，助处于课堂改革实验阶段的教师一臂之力，帮助教师分析问题的症结，给出解决办法。用此法可以解除教师的思想负担，为新模式的推广使用扫清障碍，从而使得教师敢于创新，敢于直面新模式，促使其在今后的学习与实践中不断调整自己的课堂教学行为，与新模式共同成长。

三、让教师有自己的空间发展新模式

让教师学习采用一种课堂教学新模式，绝不是让教师否认与摒弃自己原来的教学模式。教师们在研究、学习新模式的过程中会看到它的种种优势，会有兴趣，也会有思考。教师会意识到自己教学中存在的不足与课堂存在的问题。但要真正采用课堂教学新模式时，教师又会觉得其不一定适合自己的课堂教学。教师有了这种矛盾心理，学校管理者要鼓励教师去解读新模式的内涵，了解其真谛，理性分析自己的教学状态，大胆汲取新模式中最有优势的地方来弥补自己课堂教学的不足，同时结合自己多年积累的宝贵教学经验，积极探寻适合自己的教学模式。几经反复后，教师们便由初次接触新模式、学习新模式、模仿新模式、大胆尝试新模式，最终形成适合自己的教学模式。教师在经历思想斗争后，会拓宽自己的教育渠道，提升教育境界。此时的学校管理者，一定要恰如其分地鼓励教师，帮助其成为有创意、有智慧的教育者。

四、坚持不懈，打造课堂新模式，使其逐渐走向成熟

面临新课改，学校管理者不但要引导教师们接受，而且要坚持改革。在改革中，学校管理者要用一系列的教育教学方式去推动改革行动，绝不能因部分教师对改革的阻挠而使整个学校的改革停滞。此时，学校管理者要用教育教学活动为学校改革创造发展动力。比如学校管理者可以组织全体教师进行课堂教学新模式大比武、优秀教师课堂教学新模式观摩教学、年轻教师课堂教学新模式研讨课等活动，通过这些活动，让教师在实践中进行思考，接收新知识，理性地摒弃陈旧的观点与做法，创造性地结合课堂教学新模式来构建自己的课堂模式。也可以通过课堂教学新模式——录像课的形式，让部分教师观摩自己的新模式课堂教学过程，反思自己的课堂教学，找准自己在

教学中的定位，不断在学习与尝试中总结，然后充满智慧地进行教育教学工作，逐渐达到理想的状态。

五、鼓励教师在课堂教学新模式中张扬个性

教师面对的是一个个有个性的学生，所以教师在教育活动中也应该有个性。同一课堂模式，不同的教师运用会表现出不同的课堂风采。有的教师激情四溢，有的教师如和风细雨。虽然教师们风格迥异，但大家始终坚持落实新的教学思想。与此同时，教师的课堂教学设计应在合理、完美的基础上，富有独创性。

总之，新课改以来，课堂教学模式异彩纷呈，但总的来说，其呈现方式都是以推进素质教育为核心，以转变教师教学方式和学生学习方式为重点的。学校管理者应该智慧地进行整合应用，智慧地总结提升，让师生在实践中成就自我，最终达到师生共同成长的目的。

第一章 踏歌而行

让教师团队成为学校发展的"硬核"

教师队伍的整体素质几乎能决定一所学校的长足发展。如何使教师的成长与发展呈现长效、健康、积极向上的自然态势，需要学校管理者智慧、创造性地工作，即学校管理者要设法搭建多个有效平台，组建和谐奋进的教师团队，依托团队精神，引领教师拥有积极的心态、执着的追求，在教育、教学中努力追求卓越。

在经济繁荣的当今社会，教师的工作十分辛苦，教师所承担的责任也十分重大。教师要想守住教育这块净土，并为之而奉献一生，需要有极大的定力。倘若教师在一个健康向上、和谐奋进的团队中，他们自然会产生向上的动力，不断追求卓越，不断完善自我，并在提升境界的磨砺中，感受幸福，获得幸福，实现自己的教育理想。那么，学校管理者该如何打造鲜活和谐的教师团队呢？根据笔者多年从事学校管理的实践经验来看，学校须做好如下工作。

一、优化管理团队，提高服务意识

一所凝聚力很强的学校，在彰显团队精神方面一定是下足了功夫的。学校管理者是团队的精神之魂，也是团队的向心力所在。学校管理者的服务意识与工作效度在很大程度上决定了该校教师的幸福指数。在平凡的工作岗位上，教师需要保持一份静心去教书育人，去体验来自教育教学的快乐，去体验因学生的进步而带来的幸福感。而当教师在工作中遇到问题，情绪不佳时，他们需要的是理解与支持；当教师生活中遇到困难，内心不安定时，他们需要的也是理解与支持。这时，学校管理团队若能与教师及时交流，主动了解情况，积极帮助教师解决后顾之忧，教师就能安心工作、静心育人。因此学校管理团队要努力扮演好一个精英团队的支持者与理解者的角色，及时为团队成员的心灵注入一缕缕温暖的阳光。

二、锻造核心人物，引领团队发展

置身于一个有教育理想团队中的教师，会在无形中被团队的积极因素推动而踊跃向前，这一现象是非常有利于教师成长和发展的。学校要关注每一个小团队的核心人物，也就是让具有高尚人格的、热爱教育工作的、并有号召力的教师做年级组长，让一些业务骨干、组织能力较强的教师做学科组长。在这些核心人物的带动下，团队成员也会有一种积极的态度。因此这些核心人物会积极进行教育研究，参加各级各类比赛，如参加教学新秀、骨干、学科带头人评选，参加教育教学论文比赛，等等。在参与的过程中，他们会不断成长，逐渐成为学校教育教学的中坚力量。他们会在实践、反思中逐渐成熟，进而去影响该团队成员的发展。他们也会尽力指导并帮助组内成员积极参与校内教育教研活动，并在组内教师备课、磨课、说课、评课的过程中给予一定的指导，让团队成员逐步踏上教育教研的上升台阶。当一个学科组长的愿望与力量发展成为大家的愿望与力量时，这个团队的成员就会有自己的目标，并努力去实现这一目标。

三、激活个性团队的优势，解决疑难问题

由于兴趣爱好不同，学校里的教师自然会形成个性不一的小团队。这些小团队能使部分教师在工作之余找到自己的归属感。比如同一学科组成员在一起办公，在一起备课、听课、评课，可以集思广益地解决不少教学上的问题；同一年级的班主任团队，在某一班主任在班级管理方面有困惑时，可以提供援助，并能带动新教师迅速进入角色；同一班级的各科任课教师团队，可以就班上的共性问题或个别学生的问题，共同商讨、互相帮助，解决班级出现的棘手问题；同一爱好的教师团队，可以在课余交流艺术与创作，切磋技艺，共同提高，并推动学校活动的积极开展……校园里出现如此之多的团队是学校的财富，学校管理者要善于引导各个团队彰显其优势，用集体的智慧与力量去研究、解决一些教育教研难题。比如学生计算能力弱，数学组可以想办法解决；个别教师教学绩效跟不上，学科组可以想办法；等等。这些团

队在解决问题的同时，会凸显其优势，让教师、学生内心升腾起积极的力量。

四、凝聚优秀团队，助推年轻人成长

学校管理者要尽量把刚毕业的年轻人与威信较高，已经成长起来的中、青年教师安排在同一组，让这些有教育理想的优秀教师去影响、引领、帮扶年轻教师。这些经历会使年轻人快速进入最佳工作状态，找到自己的工作目标，从而实现他们的教育理想。在学校教育教研生活中，这样两三个人的小团队可以让年轻教师快速成长，而且也会迅速成为大团队的中坚力量。这些积极上进的小团队的加入，将使学校的教育团队更加强大，更加充满智慧与朝气。

显而易见，当一所学校里有着形式多样的团队并且显现出极大魅力时，这所学校里肯定会到处洋溢着活力，使每一位教师都会在愉快的工作环境中，创造幸福，享受幸福。

第二章

雪泥鸿爪

行动，是我们的惯性。

在教育教学中行动，只有用心去记录、去感受，才能体会到它的纯洁和本真。

"小师傅"很重要

自从学校倡导"和谐互助"的课堂模式以来，师友互助的学习策略为我的课堂教学注入了生机与活力，课堂管理也更加轻松有效。其中，"小师傅"发挥了很重要的作用。记得新学期开始，我跟班主任快速了解了新同学，以"师友"的形式安排座位，可是，班里有53个学生，也就是说，必须有一个学生要单独坐，这个学生就是冯磊。

落单的孩子总是获得更多的关注，经过一段时间观察，我发现他基础相对薄弱，课堂不敢发言，书写字迹潦草。英语课上，当其他"师友"讨论解决问题时，他显得焦虑不安。于是只要课堂上需要交流、讨论时，我就走下去找他交流，帮助他解决疑难问题。同时我也告诉他，有问题可以主动找我。比起别的孩子，他总是比较拘谨，小心翼翼，生怕自己做不好我会批评他。我经常鼓励、帮助他。但课堂上我的注意力大多在整个班级的调控上，时常会忽视他。他也从不主动找我，习惯一个人做着自己的事情，我行我素，偶尔还偷懒不写作业。期中考试结束后，他的各科成绩都不理想。

我跟班主任商议，这个单座的男孩更需要一个能帮助他的"小师傅"。于是，在经历了十周的独立学习后，他有了自己的同桌。我惊喜地发现，他脸上有了开心的笑容，而且非常珍惜这种"师友"互助的学习机会。课堂上他开始主动向"小师傅"请教问题、虚心学习、积极互动，课后也能认真完成各科作业了。有时候我甚至看到他在跟"小师傅"讨论问题时，激动得满眼放光。和谐互助策略真的让他变化很大。

一、有了学习的热情

有了学习伙伴，不管课内课外，冯磊都可以解决学习中的困惑，还可以倾诉他的忧愁、需求，分享他的快乐。有了这个能及时帮他解决问题的好伙伴，无论课前、课中还是课后，他随时都能得到关心、帮助。冯磊也有了学习的榜样，每天只要盯住"小师傅"，他就知道自己该干什么。自从有了"小师傅"，他的学习状态明显好转，不仅学得踏实、记得快，理解力也越来越好。其实，在学习的旅程中，每一个孩子都不喜欢孤独。他们的内心都渴望同伴，需要得到鼓励与帮助，更需要快乐学习。

二、有了自信

自从有了"小师傅"，冯磊在班上变得积极、主动、活跃起来。以前默不作声的他，开始抢着回答问题。即使有时表达不完整，他也会非常诚恳地接受老师或同伴的意见，整理思维后马上又举起手来。有一次，有老师在我们班听课，我看他自信地把手举得老高，就叫起他们"师友"二人。他干脆利落的回答与"小师傅"中肯的评价，给大家留下深刻印象。课后，班主任老师说他像换了个人似的。他由原来那个拘谨、胆小的孩子，变得大方、自信、敢于挑战，表达时声音洪亮、举止自然。这些都得益于"小师傅"的无私帮助。因为他们年龄相仿，有共同语言，容易交流，他们的互助关系也容易建立。学生跟老师交流时有压力，有些话不敢说，而跟同伴在一起则会毫不遮掩，暴露出的问题也能马上解决，学习的动力与自信在不断增强。

三、有了良好的学习习惯

通过一个阶段的学习，这对"师友"的许多学习习惯也变得一致了。上课时他们都非常专注，不走神；记笔记也是同步走。每到对话训练环节，他俩会一遍一遍练到老师叫停。遇到问题他们会积极思考，想办法解决。而冯磊的作业也奇迹般地好起来，页面干净、书写工整。每次词汇考查，我发现他都在向"小师傅"看齐，认真识记，减少错误。我还发现他对各科的学习都有了自己的计划，当天的事当天就能做完。比如自习课不再漫无目的地翻翻这、看看那，而是有目标地去学习。该背诵的东西也不再等老师督促，而

第二章 雪泥鸿爪

是主动去记。

　　一个优秀的"小师傅"可以帮助学友不断进步，陪伴学友快乐学习、快乐成长，并能从思想、行为、爱好、品行等方面极大地影响学友向更好的方向发展。

互助复习，减负增效

临近期末考试了，许多家长、老师都把复习进程安排得满满当当。学生开始刷题以提高成绩，这种枯燥而又高强度的复习方式，导致学生疲惫不堪、情绪浮躁，效果并不理想。为了让学生轻松、高效、愉快地复习，我尝试让他们互助复习，达到整合知识，提升能力的目标。

一学期下来，我推进的同桌互助学习策略取得了显著效果，学生学习兴趣浓厚、情绪高涨、学习效率高。学生有了一定的互助学习基础后，在学校最后这一周多的复习时间里，我尝试采用捆绑式互助复习模式，让学生齐头并进。首先，我提议学生在早读时间大声朗读一、二单元的词汇及课文，并通过互相口头考查，强化学生所学的单词、短语、句型、文章等。之后我以单元语法结构和词块为主，归类整合每一单元的重点内容，在课堂上利用5~8分钟进行集体听写。这些内容融合了单词的词性、词义、用法及构句特点，是一种有效的综合检测方式，学生必须经过认真思考才能准确书写。学生听写完后可与同桌互换听写内容，互相检查、交流并标记对方模糊不清的内容，然后互相帮助，查漏补缺，当堂梳理，解决共性的问题和焦点问题。学生在互相督查的过程中强化了易错与记不清的单词、短语，厘清了语法、句型结构。之后，我又要求同桌根据复习情况互相布置作业，重点巩固，梳理盲点。第二天再次互相进行口头检查。学生的作业是我根据课堂复习情况有目的地设定的，不是机械重复地抄写，因此孩子们感到特别轻松。

对于每单元的语法，我每节课会安排10分钟时间，让同桌互相说说本单元的语法内容、重点句型结构，互相考考语法聚焦内容，从而了解对方欠缺的地方和遗忘的知识，互相帮助。我从本单元语法要点切入，创设情境，指导同桌进行口语交流，规范交际用语，发现问题，当堂训练。再根据单元话题，设置合理的写作要求，指导学生运用重点句型准确书写连贯的语段。最后抽取典型作品，作为示范，和学生一起分析语段的结构，体会语言的准确与精练，指出突出性问题，随时解决。我还指导同桌互相批阅小短文，指出对方写作中的问题，进一步提高文章布局能力与语言的准确性。

最后15分钟时间用来检测。我用具有代表性的测试题，要求学生独立完成，并以速度与准确性作为目标，营造一种良好的竞争氛围，培养学生良好的思维品质与作答习惯。学生完成后我出示答案，让学生自行批阅，再互相探讨、交流问题所在，查找错误原因。对于难以理解的地方，我将加以点拨、指导。学生在竞争中会发现不足，在互助中会完善知识结构，尤其在阅读训练中，同桌会从彼此的阅读方法、技巧、作答方式里借鉴到有效获取信息的方法，训练自己严谨的答题思路，收获很大。

一周多的复习既紧张又轻松，课堂上全体同学精力高度集中，课后作业大幅减少，同桌两人互助复习，扎实有效。经过期末考试的检验，七年级（5）班英语成绩优秀，达到了预期的目标。

机会，每个孩子都值得拥有

　　每到毕业时节，看到那些因思想波动大而成绩下降的孩子，我总会为他们感到遗憾。九年级的孩子已步入青春期，随着生理、心理的变化，一部分学生的学习状态也发生了改变。个别孩子上课开始走神，表现不积极，作业态度不端正，学习效率低下。根据我多年教学的经验，如果不及时引导这些孩子，他们会从学习习惯变差，发展到成绩下降，再到思想掉队，最终导致厌学。

　　我相信，每一个孩子都是可了解和可教导的。一个突然表现不好的学生，其行为对老师、家长来说是一种求助的信号。因此，在今年的九年级学段，我比平时分外用心。只要发现孩子们思想、行为有变化，我就会心平气和地和他们一起"找原因"。相信只要寻到根源，就能改变或纠正他们的不良行为。在每一节课中，只要我抛出问题，就会先关注他们，跟他们一起讨论问题。如若发现哪个孩子课堂上不专心，我会给他暗示并抽空与其交流，指导他学会专注。课后我会坚持追踪，了解他的生活环境、学习状态，及时帮助他们，传递信心与勇气。我坚信，每一个孩子都是单纯而独特的，每一个孩子都值得拥有一次、两次、三次甚至更多转变的机会。

　　经过了解，我发现这类孩子基本都属于父母工作忙，经常不在身边，由爷爷奶奶照顾，或者来自单亲家庭。随着青春期的到来，这些孩子自我意识增强，想摆脱规则的约束。由于缺少父母的及时管控，他们会出现一些不良行为。这些行为得不到及时疏导与纠正，久而久之，就会变成一些坏习惯。比如放学后不按时回家，做作业偷懒，甚至说谎欺骗家长，这些孩子在课堂上表现出的特征就是注意力不集中，容易走神，反应缓慢。回答问题时这些孩子往往不举手、不发言，小组讨论时不思考、不说话。

　　我慢慢发现，只要发现孩子们身上的闪光点就可以唤起孩子们改正错误的信心。我用热忱的微笑、真诚的态度打动每一个孩子，让他们重拾信心。我耐心的沟通赢得了孩子们的信任。当然，个别孩子有时候也特别让人生气，但我尽量说服自己，控制脾气与情绪，尽量不在学生面前失控，杜绝厉声斥责孩子。当他们意识到自己做得不够好时，常常会用不好意思的微笑回应我，学习也就格外用心起来。在以后的相处中，他们也开始非常真诚地对待我。偶尔有做作业偷懒的孩子，我也会用心指导，让他们明白，他们仍有机会。看到全班的学生在这一特殊阶段没有一个掉队，我心里很满足。

　　机会，每个孩子都值得拥有！

将美好根植学生心灵深处

有智慧的教师总能把握住学科特点，将情感教育目标无痕地渗透到课堂教学中，在一定的情境中让学生感知、感悟、内化，养成良好的品德修养、行为习惯。最近我有幸听了两节研讨课，十分感同身受。

郁老师在语文课上和孩子们一起品读《台阶》一课，和学生一起深切感悟一位普通的农民父亲坚韧不拔的毅力、积极乐观的生活态度和艰苦创业的精神。学完课文后郁老师又播放了一段自己节选的视频，让学生聆听一首熟悉而又动人的歌曲，默读一个感人的故事，伴着歌曲品味故事。故事讲的是1999年一位父亲救了孩子的命，歌曲名字叫作《天亮了》。学生边听歌曲边读故事。读完故事，课堂气氛突然凝固了，学生内心都被震撼了。郁老师抓住这一时刻，动情地鼓励学生说说《台阶》里的父亲、歌曲与故事中的父亲，还有自己的父亲，并要求学生重点说说自己的父亲平时是怎样无微不至地关怀自己，用生命呵护自己成长的；父亲有着怎样的优秀品质；父亲是如何从生活的点点滴滴影响我们的。孩子们全都真情涌动。我看到了一个个善于发现父亲优点的孩子真诚的眼神，我体会到一颗颗感恩的心，孩子们在用心表达对父亲的感激。他们对自己父亲纯真的评价与真情表露，也让我看到了《台阶》留在孩子们内心最珍贵的东西——不仅仅是文章之美，还有一位普通父亲优秀的品质，以及孩子们对养育自己的父亲的感恩与回报之心。

孙老师的英语课则是一次涤荡心灵之旅。还未进入新课，大家就被她精选的一段视频所吸引。那是一段有关人类与正在遭受破坏的大自然的视频，其画面与配乐深深地触动了教室里的每一个人。从同学们专注的眼神与若有所思的神情中可以看出，他们在观看的同时，一定从灵魂深处意识到环境保护的重要性，认识到参与环保有多么重要。本单元涉及环保的问题，其教学目标之一就是通过教学与环保相关的词汇、短文，唤起学生从我做起，保护地球的责任心。孙老师的视频导入，让学生快速进入情境，积极参与环保话题的交流活动。课中孩子们运用本节课学到的词汇、语法、句式，从身边事入手，从不同的视角反思、交流自己曾经对保护大自然的狭隘看法，对身边大自然遭受破坏的淡漠态度，并表达了未来将从身边小事做起，带动家人共同努力保护环境的愿望。尽管交流活动中孩子们词汇有限，但这并没有影响他们表达思想。孩子们真挚的语言使我感受到课堂中的情感教育的力量。它能真正感化孩子们纯洁的心灵，在每个孩子的内心埋下爱护大自然、保护地球从我做起的种子。看似普通的一节课，却有着莫大的影响力。富于智慧的情感教育，开启的是学生对生命的尊重，对生活的热爱，对健康、科学的追求。

愿我们的每一节课都充满人性的光辉，在学生内心留下最美好的东西，浸润他们的心灵。

课堂上应有的压力与自信

学校要进行课堂教学大比武活动，要以录像课的形式参加。我没有提前告知学生，只在课前说今天准备录一节课。当摄像机架在教室后开始工作时，我发现好多学生比较拘谨，便以轻松的口吻说："别紧张，跟往常一样就好。"

没想到，刚开始介入课题就出现了小麻烦。问题抛出后学生不敢举手，当我叫第一组"师友"站起来回答问题时，学友特别紧张，手足无措。他躲躲闪闪的眼神与结结巴巴的语言告诉我，此刻他的脑袋里一片空白。因为在录课，我没有过多与他沟通，只是耐心鼓励他大胆张口说。也许是他的紧张影响了其他孩子，后来的整堂课学生都小心翼翼，这跟他们往日生龙活虎的样子截然相反。

反思这一现象，我认为还是因为学生不够自信。我平时实行的是"安全课堂"教学策略。班上的学生大多口语能力较薄弱，部分学生课堂上因为怕同学笑话不敢张嘴，说话声音特别小。为了培养学生的自信心，我一直在努力营造一个安全的课堂氛围。我告诉每个学生在课堂上不要胆怯，想起什么就说什么，并大声表达出来。如果有问题，大家共同纠正、共同提高。我的这种方法的确提高了学生的积极性，每个孩子都敢于表达自己了。而今天的课与往日不同，是要被录下来的，可能他们的心里有了压力，没有把握就不敢举手，平时的自信因此就不见了。我在课后调整思路，开始指导学生提升课堂上的应变能力与自我调适能力。

第二天早上一上课，我就跟学生阐明了我的态度。我告诉他们经过了一个阶段的锻炼，大家在发音的准确性、表达的流畅性、在同学面前的表现力方面都有了很大提升，现在有了新的目标——思维的缜密性与表达的准确性。我要求所有学生要努力掌握课内的东西，回答问题要做到准确、清晰，如表述不清楚，须主动请教同桌或者小组长。另外我要求学生多练习、多思考，我会随时叫学生在班上交流。新的要求提出后，我发现一些学生眼中有一种异样的神情，是担心还是不自信。但在以后的课堂中，学生确实比以前更主动了。当完成教学任务后，我随机叫学生上台展示，他们的表达没有以前那么随意了，语言组织更严谨了。有几组学生掌握得不太好，我给他们做示范，耐心指导他们多练习，直到表述完美。渐渐地，学生都开始投入学习，积极修正自己的错误，准确表达自己的观点。

随着学生逐渐适应了课堂新策略，我对他们的要求也在不断提高。比如学生在讲台上进行英文表演时，我要求他们不但要关注语言的准确性，还要关注语气、体态、神情；孩子们创作短文时，我要求他们不但要内容充实、条理清楚、布局合理，还要语句优美、句法准确、书写工整。我惊喜地发现，他们随着我的引导，能力在飞速提升。我顿悟，只要你给学生适度的压力，让他们在不同的时段有所突破，他们就会拥有自信。

了解文化背景，提升学习效果

初中英语教材融入了许多国内外文化知识，在课堂教学中有机渗透相关文化背景，不但能拓宽学生视野，提升学生人文素养和学习兴趣，而且能轻松引入与话题相关的单词、句型，强化学习效果。

人教版八年级英语下册第二单元"I'll help to clean up the city parks"的话题涉及志愿活动的内容，与学生生活十分贴近，具有社会性和人文性特点。我首先从文化背景入手，让学生了解有关志愿者及志愿服务的背景知识，掌握一些与志愿者活动有关的词汇，然后再深入进行听说课、阅读课的教学，教学效果较好。

课前，我通过视频引入，让学生了解了志愿活动的意义。接下来，我引导学生交流自己身边的一些志愿者都做了些什么，他们为什么要这样做，身边有哪些志愿工作值得我们参加。在学生交流的同时，我帮学生解决遇到的生词，比如volunteer to do sth.，volunteer at hospital等。当孩子们谈论自己在闲余时间，该参加什么活动去尽一份公民的责任和义务时，我继续帮助他们梳理单词及短语，如clean the city park，help the old people，cheer up the sick people，give out food to the poor，等等，并指导学生学会本单元的关键句型——I'd like to help...，I volunteer there to do...去表达思想。

教师引导学生在单元学习前先认知志愿活动的意义，然后指导学生选择服务对象，学会如何帮助需要帮助的人，逐步形成正确的人生观，领会为别人服务的意识和为社会服务的精神。

将背景知识巧妙地融入教学中，不但能渗透文化常识，提升学生的人文素养，增强社会责任感，而且能随机输入与本节课相关的重点词块、句型，为本单元的学习做好准备，加强学生的理解力与学习力。

如何引导初中学生上好自习课

上了初中，孩子们突然发现课程表上的自习课多了起来。自学能力强的孩子如获至宝，因为有了自己主宰的时间；而自学能力弱的孩子则不知所措，平白浪费了时间。因此教师要指导学生会上自习课、上好自习课，让学生学会自主学习。

自习课是让学生在完全自主的空间、时间内，探究、保障知识的前后贯通性，达到自我完善、发展、巩固、提升、升华的一个学习过程。它也是一个完全由学生自己做主，自我学习的过程。因此学会合理安排学习内容，掌握自主学习的方法对初中生来说非常重要。通过自习课，学生可以复习、整合、内化每天学到的知识，融会贯通；也可以预习、思考将要学习的内容，为顺利学习新知识做好准备。上好自习课，是每个学生必须具备的学习素养。

小学阶段的自习课大多是在教师指导下，让学生独立完成背诵任务或者笔头练习。而在初中阶段，离开了教师的指导，自习课是否有计划性就显得尤为重要。学生不能凭自己的兴趣决定学什么，要做到心中有数，有的放矢，并且一定要结合自己的实际情况，利用自习课查漏补缺，解决短板，夯实基础。另外，还要根据各学科的不同特点，合理安排时间和内容，弥补薄弱学科，巩固提高自己的优势学科。每一个学生的学情不同，突破点也不同。教师要引导学生针对自己每一学科的学情，合理分配时间。比如早自习40分钟时间，可以交叉两到三科进行记诵或预习，并且要做到任务明确。时间分配要根据学科强、弱合理计划，使自己的知识得到消化、巩固、提高。也可参考老师提出的目标要求做到合理拓展、延伸。中午或者下午自习时间，也要合理安排。做作业之前要先回顾知识点，加深记忆，再完成练习。

总之，通过合理计划，学生从被动学习向主动钻研转变，由随意性学习向计划性学习转变，并在自我尝试、探究、诊断中不断提高学习技巧与效率。

教师要指导学生在自习课上保持良好的秩序，养成自主、自觉、自立的学习习惯。每个学生在自习课上都应严格要求自己，尽量做到不大声讲话，不影响他人，不浪费时间，互相尊重、互相促进，营造一个和谐安静的学习氛围。当然，教师还要指导学生建立学习小组监督制约机制，保证自习课高效进行。

俗话说：今日事，今日毕。自习课是学生"天天清"的保障课，上好自习课，养成良好的学习习惯，学生才会有质的飞跃。

第二章 雪泥鸿爪

突破预备单元，助力孩子起飞

每当新学年开学，看到孩子们那清澈的眼眸里充满着新奇与期待，我的内心总有着小小的自豪与激动。但当面对听说能力参差不齐的学生，看到部分学生流露出困惑和无奈的神情时，作为英语老师的我又深感责任重大。

永登县第八中学是一所独立初中，学生来自县域各个乡镇的小学。其中，农村小学毕业的学生水平参差不齐，大部分学生英语听说能力弱，自信心不足。此时的师生将面临一个较为艰难的阶段，那就是学生必须静下心来系统学习字母与语音，提升听说能力。

人教版英语教材中有字母与音标的学习单元，是英语学习的预备单元。只要我们利用好本单元，就能很好地满足孩子小升初英语学习的需要。通过课堂交流，我了解到班里很多孩子没有系统、规范地学过字母与音标。他们基本没有自然拼读的基础与习惯，单词发音基本靠模仿老师，部分发音不标准、不规范，口语交际不自然。缺失语言情境，使孩子们养成了多记单词、多做书面练习提高成绩的习惯，弱化了听说能力的培养。为了让七年级孩子能享受英语课程的乐趣，提升学生英语听说能力，我从七年级预备单元着手，整合多媒体资源，做足功课强化学生语音学习，重新搭建提升语言能力的支架，为每一位孩子提供一次系统学习语音的机会，循序渐进地指导他们练习自主拼读，从根本上改善孩子们听说中存在的问题，缩小孩子间语言表达的差距。

首先，我结合上届学生学习字母与音标时存在的问题，细心梳理了26个字母的发音特点，根据学生特点做好字母教学计划，每天安排5个字母的学习，从字母的读写规则抓起，将相关音标分解到每天的字母教学中，再将学到的音标运用到当天的单词识记中。为了纠正学生错误的发音，我在课堂上利用多媒体展示发音部位图，让学生先了解发音器官，并能对应自己的发音器官。接着，每学习一个音标，我都先带孩子们分析音标的发音部位、发音特点，再示范发音，想方设法地以最浅显易懂的方式完成字母与音标的教学。刚开始，孩子们的发音差别很大，纠正起来十分困难，遇到个别孩子有明显错误，还需要耐心指导。我一个个纠正孩子错误的发音方式，错误的读音。为了让孩子们多练习，纠正不正确的发音习惯，除了集体指导、单独指导外，我更多的是让孩子们互相指导，以四人为小组进行练习，我还利用多媒体让孩子们跟读，通过师生、生生对练，尽量规范每一个孩子的发音。在学习字母、音标的同时，我还渗透单词拼读练习，让孩子们练习自然拼读。班级内形成良好的英语学习环境，孩子们的嘴巴真正动起来了，他们也开始自己总结拼读规则。这种以"教师指导、媒体示范、学生试读、同桌互练"为主的学习模式，让孩子们在愉快的交流中了解了自己的发音器官，掌握了正确的发音方法与拼读规则，收到良好的教学效果。

经历了字母与音标的集中学习，孩子们基本掌握了每一个字母的发音要领及书写方式，我顺势要求孩子们尝试独立拼读单词，让孩子大声拼出来、读出来，并注意音节与重音位置。起初，孩子们离开老师的领读，自己尝试时会感到有点儿困难。随着每天练习的推进，孩子们进步很快，他们不再依赖老师，而是努力结合音标自己认读单词。部分孩子还能感知自己单词的发音是否正确。在老师帮助下，孩子们意识到初中阶段的英语学习可以靠自己、可以借助音标准确拼读单词，朗读语段。他们不再怕读单词，自信心也增强了。

最后，当孩子们能自己尝试读准单词后，再进一步学习句型，读句子，进行简短的交流就不成问题了。在预备单元的学习中，我始终鼓励孩子们在学新句型前试着读一读、听一听，接着说一说自己的感受与理解，然后我再纠错指导。我还通过播放英语原声录音的方式，让学生对比分析自己哪里读得不好，要注意些什么。这样逐句规范，孩子们不但知道如何正确读句子，还能判断其他同学读得是否准确。一个集体，形成了学生主动读起来、说起来的学习氛围，语言学科的学习就有了价值。一门语言学科教师，教会了学生正确的朗读习惯，教会了学生借助多媒体规范读音的良好习惯，就是给了学生学习语言的抓手，就不怕学生掌握不好语音了。

在我坚持不懈的指导、帮助、纠错下，孩子的英语学习能力和学习技巧不断提升。预备单元结束后，班上的孩子自信心增强，大家都愿意张嘴说英语、在生活中用英语了。

做温暖的教育者

今天早上我值周，需要提前半小时到校。一出门，我发现下雪了，路上有点儿滑，于是放慢了脚步。我一路上边走边想："下雪天班主任和孩子们是不是会到得晚一些呢？"

进校后走到九年级（1）班门口，我发现班主任汪老师已经站在讲台上了。我有点儿吃惊。此时，他正一脸慈爱地环视着教室里每一个孩子。和我差不多一同到的一个学生，进门后正擦着鞋上的雪水和泥巴。我低头一看，门口放了一块红色的地垫，教室里的地板干干净净，心里有种莫名的感动，多么温暖的一个大家庭！站在门口，我又一次用心打量了一下教室里的一切。大多数孩子已经坐在桌前读书了，有两个孩子在拖地。讲桌前有一棵两米高的盆景，郁郁葱葱。我跨进教室，教室后墙上的一条红色横幅映入我眼帘，上面写着几个白色的大字"静下来，铸我实力；拼上去，亮我风采"。中考临近了，这是班主任在给孩子们鼓劲呢！看着已经进入了紧张备考阶段的孩子们，我突然觉得这些孩子很幸福。因为我想起前几天老师们说，汪老师怕孩子们到校早，早餐吃不好，早自习后他经常给孩子们买早点。看来他早就行动了，他要跟孩子们并肩作战。他无微不至的关怀、温情的鼓励与陪伴，是毕业班孩子们不竭的动力。遇到他，是孩子们的幸福。尽管雪天分外寒冷，可教室里却温暖如春，因为有一种温暖的教育毋需用语言诠释。

离开九年级（1）班，我又进进出出转了几个教室。我发现各班孩子都较往日到得早，大多数班级秩序井然。打扫卫生的、浇花的、交流作业的、读书的，孩子们各自忙着自己的事。班主任老师也陆续进了教室，开始了一天的工作。我上到四楼，看到九年级（11）班的孩子们正在自觉地站着读课文，我以为班主任在教室，可进门却发现没有老师。几个孩子在窗台前忙碌着。看着窗台上一盆盆盛开的鲜花，擦洗得干干净净的托盘，我的心情顿觉敞亮，好想进去看看。于是，我径直朝里边走去。突然，我的眼前一亮。我看到了教室后面有一个精致的鱼缸，鱼缸里数条小鱼在欢畅地游动，鱼缸及周围干干净净。鱼缸旁边是班级书柜，书柜里放满了书，却是同一颜色。仔细看去，上下几排的书全部用牛皮纸包了书皮，写了书名。我怦然心动，多么有章法而又细心的班主任啊！伴着孩子们悦耳的读书声，我若有所思地走出教室，眼前还闪现着欢畅游动的金鱼、争相盛开的鲜花与花盆下面干净的托盘，还有那收拾得整齐有序的书柜。我仿佛看到了这温馨的环境后，站着的那个教育者，还有其他有个性、有思想的教育者。他们都是孩子们最依恋，家长最信任，能为冬日的教室带来春天的人！

外面在下雪，教室里却春意盎然、生机勃勃！回到办公室，我的心格外温暖，我也投入了工作，我也要做一名温暖的教育者！

学会管理自己的情绪

今天课前抽查家庭作业时，在发现部分学生做作业不认真，甚至有应付、偷懒的现象后，我不由得有点儿生气，竟在全班同学面前发脾气并批评了他们。5分钟后，我才整理好情绪开始上课。由于刚刚批评完他们，我的表情很不自然，一下子难以调整过来。再看看学生，他们脸上也没有了往日的笑容，都怯怯地看着我。我感觉到气氛有点儿压抑，自己都很难快速进入状态，被我批评的孩子们更是如此。

学生由于情绪受到影响，课堂表现大不如从前，精气神也被削弱了，尤其是那几位挨过批评的学生，目光始终躲闪着我。我的课堂效率自然也是大打折扣。反思自己的行为，我非常内疚。一节课40分钟，每一分钟都有目标与任务，何其珍贵！就因为我的不慎重、原则性不强，随意占用课堂时间批评个别学生，影响了全班学生的学习情绪以及课堂效率。这是对全班学生的不负责，是对教学工作的不尊重。更为不妥的是学生出现问题，我在全班同学面前批评、指责他们，可能会挫伤他们的自尊心，使他们产生负面情绪。这些学生整节课都没有心情参与学习，这种不良情绪也影响到其他孩子。

"三思而后行"，当某些事发生时，我们要再三思量后再行动。学生犯错误可能是有原因的，或许是这个学生掉队了，教师根本没有注意到，从而使其养成作业拖拉的不良习惯；或许是学生昨晚有什么特别的事，没时间完成作业；或许还有其他原因。不管怎样，课堂上每一个孩子都值得我们去关爱，每一个错误的行为都值得我们去纠正。教师要修炼管理自己情绪的能力，才能让课堂更有效率。

以前曾听说，课堂上因某同学干扰了课堂秩序，教师发火以至于耽误了半节课的时间；有教师因不满意学生课堂纪律，中途停课，事后又找时间补课；更有教师因批评学生而引发小矛盾，将整堂课变成自习课。这些行为不是小事，教师冲动起来也不是一个人的事。因此作为教师，我们要学会管理自己的情绪，要尊重课堂，凡事三思而后行。

学诗与写诗

　　九年级英语最后一个单元*I remember meeting all of you in Grade 7*是一首英文诗。因初次讲解英语诗歌，我本打算让孩子们读懂诗歌内容，了解诗歌特点，根据韵律诵读诗歌，感受诗歌的韵律与意境之美，却没想到激起了孩子们写诗的兴趣。

　　这首英文诗歌的内容是对美好的初中生活的回忆，描写初中学生的经历与成长中的感受，语言朴实，意境优美。面对即将毕业的孩子们，我想，这也是一个让他们回顾、交流初中三年美好时光的好时机。因此我以诗歌的开头作为开场白"Looking back at these past three years. I remember many things"，然后描述了几件与孩子们在一起的难忘的事。"At the beginning of new term，I helped students speaking English with carefulness, encouraged everyone to overcome shyness, shared English songs and acting in class, tried to make the fear pass..."过去的美好时光伴随我诗意的语句，打开了孩子们回忆的大门，我与孩子们一起奋斗的场景浮现在他们眼前，引发了他们表达的热情。他们也以"I remembered many things..."开始，回忆他们入校时英语课上拘谨怕羞、不敢大声说话的情景，学唱英语歌曲、大方上台表演的场景，以及八年级时的英语课本剧表演、英语演讲大赛，还有边学新内容边做奶昔、沙拉、汉堡包时的激动心情。他们情绪高涨，想表达的太多。于是我告诉他们，中文古诗有押韵，英文诗歌也有。

　　当孩子们打开课本，聆听、欣赏将要学习的诗歌，观察诗歌特点，感悟诗歌意境时，他们很快发现了诗歌的韵律与表达方式，并能深情地诵读、感悟作者的情感。当我带领他们再次阅读时，许多孩子不但能充分理解每一句诗文，还能自己用英语表达其中的一些段落。当我引导孩子们感悟诗歌表达的思想感情，并谈谈自己的感受时，孩子们的语言非常丰富。我突然有一个新的想法，何不放开手脚让孩子们写一首英文诗呢？事实证明，我的想法好极了。

被我叫上来的两位同学在黑板上即兴写的诗，堪称完美，给同学们留下了深刻印象。其他孩子也都从不同的视角，用自己的语言表达他们三年的难忘时光。最惊喜的是，他们还能注意到押韵问题。在这节课之前，我没想过要让孩子们写诗，因为我对孩子们的写作能力没什么信心。事实证明，我真的低估了他们。我深感我们的常规教学模式压制了孩子们的发展。我本想让学生欣赏英文诗歌，谈谈诗歌特点，感受表达方式，没想到尝试新的挑战，竟然会让孩子们插上想象的翅膀。其实只要放开手脚，孩子们还是有非凡的创造力的，他们会有更多的惊喜让我们大吃一惊。

用爱心唤醒孩子们的自觉

当又一拨天使般的孩子们走进学校，校园里顿时又沸腾起来。尽管我们仍然想用昔日的常规来约束学生行为，让他们更加文明守纪，更加儒雅大气，但我不想抹杀孩子们顽皮的天性。新生入学时都会憧憬美好的未来。他们带着愉悦的心情踏入新学校，走进新班级，遇到新老师，结识新朋友。这么美好的相遇，我们怎能忍心给孩子们定下这么多生硬的"规矩"，又怎能忍心用"成绩"作为标杆，逐渐抹杀孩子们的学习兴趣呢？

望着这些可爱的孩子们，我不断坚定着自己心中的教育理想。三年的初中时光，孩子们应该是努力而快乐、紧张而幸福、健康而开心、高效而满足的……为了孩子们人生中最美好的年华，我打算用心做好每一件事，用爱唤醒每个孩子心中的自觉，开心度过每一天。

新学期伊始，耐心观察成为我每天的一件大事。通过观察孩子们平日的表现，我可以看到他们以前的学习习惯、品行修养，以及他们的阅读经历、写作能力等综合素养。发现不足后，在鼓励与帮助的同时，我同样可以观察他们的反应、发展与进步。这样连续坚持了五周时间，我看到孩子们的粗心、健忘、邋遢、随意等习惯在悄然发生改变，我忐忑的内心逐渐平静下来，随之而来的是小小的感动与满满的爱心与信心。我没有用冷冰冰的班规与硬邦邦的说教让孩子们刻意去约束自己，而是潜移默化地帮助他们学会自律，进入良好的学习状态。

平时，我坚持利用闲暇时间跟孩子们多接触，多去调整他们的行为习惯。我发现：自己所带班级的那些丢三落四、粗心大意的孩子开始注意书面作业的规范性；那些不记单词的孩子们已经有了早读的习惯；一些上课不敢张嘴表达、小心翼翼的孩子，已经开始抢着回答问题了；一些胆小、声音特别小的孩子开始大声唱英语歌曲了。更让我开心的是他们开始乐意与教师交流，课堂上争先恐后上台表演，许多孩子对初中的学习有了新的认识，开始接受学习的强度，关注学习能力的提升。

看到孩子们有了明显的进步和变化，我的信念更加坚定。教师要有一颗爱孩子的心，又要有一份坚守与坚持的毅力，帮助孩子们迈出稳健的步伐，去奠基他们精彩的人生。德国著名哲学家雅斯贝尔斯说过，教育的本质是：一棵树摇动一棵树，一朵云推动另一朵云，一个灵魂唤醒另一个灵魂。我相信，爱心教育在每一个孩子身上都会发生奇迹。

中考阅读训练之我见

在紧张的中考复习阶段，英语阅读成了师生重点训练的内容。作为总复习的指导者，教师要帮助学生理清复习内容，调整阅读训练节奏，循序渐进，形成有效的阅读策略。

首先，我跟学生一起分析了近两年的中考试卷结构，一起了解阅读试题的比重与特点，一起分析阅读试题得分率，让他们明白复习阶段的阅读专项训练很重要，也非常有效。如果坚持30～50天，随着阅读量的增大、阅读技巧的提升，阅读不但能成为中考得分率较高的一个板块，还能让学生发现阅读是一件非常有趣和有意义的事。为了打消部分学生的畏难情绪，通过示范，我选择了近两年中考的阅读试题，指导他们如何快速浏览文章、提炼主旨，如何细读筛选关键信息，如何复读猜词理解句意，如何分析问题解答问题，如何寻读验证答案。学生听完后信心大增，对阅读训练充满信心。

接下来我在每天的复习内容里都穿插两到三篇文章，先从与生活密切相关并有趣的素材入手，逐渐过渡到科普文章、文学作品等。学生阅读前我提出明确要求，指导学生浏览文章、了解文章大意，即关注What，How，Where，Why，When等问题和文章主旨、段落大意等。然后指导学生静心阅读，带着阅读问题细读文章，如果有不理解的单词、句子，要返回去再读其前后句，根据上下文推理、猜测，努力做到上下贯通，通篇理解。解答阅读题时，要力求思维缜密，确保每一个答案都有理有据。当学生完成阅读练习后，我指导他们再次根据问答内容寻读、检查，确认答案准确无误。我还跟学生一起根据全文，琢磨、研究难以理解的单词、句子。经过浏览、细读、寻读三个环节，学生能够理解作者的观点，能够把握文章主旨，并逐步形成一定的阅读策略——立足整体，纵观全文；细节分析，琢磨文义；回归文本，验证答案。当学生掌握了一定的阅读技巧，就不再觉得阅读训练题难做了。

进行了两至三周的适应性阅读训练后，孩子们的阅读习惯与技巧逐渐形成，自信心增强。于是，我在阅读推进训练中，对阅读内容稍加调整，加大难度，将题型由传统型转为开放型，每个阅读都设定了时间，让学生先自己尝试，然后小组交流，最后利用3~5分钟时间一起交流阅读感受，分享成果。这样坚持两周，学生的阅读质量有了极大的飞跃。

学生阅读得心应手之时，我又从阅读速度、答题准确率、思维的严密性等方面给出严格而明确的要求，指导学生在阅读中理清文章内容和逻辑关系，根据作者所表达的观点，得出符合原文逻辑的推论，进而提升阅读素养。

走出公开课的俗套

在一次全校公开课上，虽然老师准备得很充分，孩子们表现得也很出色，课堂上每个环节都无可挑剔，但听完课后我总觉得这种看似完美的课堂好像缺失了什么。我突然想起叶澜教授说过的一句话："课堂应是向未知方向挺进的旅程，随时都有可能发现意外的通道和美丽的图景，而不是一切都必须遵循固定线路而没有激情的行程。"这节看似完美的课，也许少了些向未知方向挺进的旅程，而使那些不曾预约的精彩随之失去。

课后我跟上课的老师交流时，她也觉得师生做了过多的准备，反倒让自己的教学没有了味道。她表示，这么多人来听课，压力很大，自己在研究教材、研究学生、认真准备的同时，也要求孩子们课前做充分的准备。当孩子们刻意去为公开课做准备时，他们的内心会受到某种暗示，也就是他们得扎实预习，得熟悉老师的思路，课堂上不能"乱"讲，不能"乱"提问题。如此一来，便限制了孩子们的思维与话语权，一切按照老师计划的进行。其实，现在的许多公开课，也会落入这样的俗套，一切都按照预设好的去表演。教师精心准备的时候预设了各个环节及活动中会出现的问题，也预设了孩子们的各种想法，当然要尽量回避我们所谓的"意外"，比如孩子们思维"走偏"、孩子们质疑的问题老师难以处理等。因此，上课前有些教师会提前强调课堂上讨论什么，孩子们要做什么。这样有备而来的课堂往往看不到学生最真实、最自然的学习状态与质疑精神，课堂教学没有走向纵深，课堂效果自然也就没那么好。

其实，好的公开课应该是学生最自然的表现、教师最朴素的课堂展示。如果教师想面面俱到，反而失去了孩子们常有的超常表现、创新思维。由此，我认为英语公开课应该在以下几方面进行提高。

一、要引导学生深入学习词汇

大部分教师会要求学生在课前解决新单词的读音、词性、意义等问题，课堂上不再进行词汇教学。然而，想要学生真正学会、理解、运用词汇，课堂仍是主阵地。在一定的课堂情境中学习、掌握词汇，远远优于单纯的记忆。公开课中教师指导学生学习关键词centimeter，weigh时仅讲解了weigh、weight的区别，总结出两个单词的用法，出示了与之相关的两道中考题。但全班学生未必真正会用这两个单词。本节课的关键词汇出现在描述panda，elephant的身高、体重等表达中，教师完全可以让学生用本节课的关键词谈论这两种动物的身高、体重，或者谈论生活中的话题，比如交流自己的身高、体重。然后再对含有这两个单词的同义句进行分析，使学生完全掌握并运用自如。那么，在之后的听力练习中关于panda，elephant身高、体重的问题也就不难回答了。因此教师一定要指导学生深入学习词汇，学透词汇。

二、指导学生练透句型

无论听说课还是阅读课，教师都会指导学生练习重点句型。那次公开课教师对重难点的提炼、讲解都非常清楚。教师通过例句说明，讲解了倍数的表达方法，并及时出示练习题。学生通过练习巩固了倍数表达方式。但教师没有引领学生深入练习，学生思维没有被打开。其中有练习要求将两个句子合成一个句子："The yellow box is 2kg." "The red box is 4kg." 学生所表现出的知识结构仍然停留在上节课的比较级用法。他们会准确地用比较级去表达，但根本想不到用今天所学的倍数去表达。如果教师适时引导学生用新学到的表达倍数的句型，联想一些日常生活中的情景，学生就能突破思维定式，更灵活地表达倍数关系了。

三、直面预设的问题

为了追求效果、追求完美，以及怕公开课课堂上学生出状况，教师往往会回避一些难以处理的环节与内容。教师要善于研究问题，抛出问题，也要善于应变，敢于直面学生的问题。教师要找到有效的途径去解决问题而不是回避。这样，学生才能真正参与学习、交流思想。这种深度学习才会带给我们惊喜，带给孩子们全新的感受。如果学生对一节课的内容与流程非常熟悉，他的思维就没有了张力，我们的课堂自然也就少了一份真实与精彩。

公开课应该是真实而又自然的，一定不能落入俗套。

第二章 雪泥鸿爪

初中英语词汇教学三法

初中阶段是学生完善英语学习技能与养成良好学习习惯的关键时期。对于英语教师来说，引导学生掌握有效的词汇学习方法，至关重要。这既可以帮助学生更好、更高效地理解词义，更快、更准确地记忆词汇，又可以使学生更好地运用所学词汇。经过多年初中英语教学实践，我认为以下三点做法更能有效提升学生学习词汇的能力。

一、教会学生自己拼读单词

许多初中英语教师习惯在学习新单元前对单词进行集中讲解，以便让学生对单词的读音、词性、意义以及相关词形变换等有所了解。之后要求学生利用课后时间自己背诵所有单词，为新课的学习做好准备。但大部分低年级学生离开教师的指导和语言环境，自己掌握整个单元的单词时仍有一定难度。他们需要时间来拼读、理解、记忆、运用、巩固和消化。因此，只有教会学生学习单词的方法，才能从根本上解决学生自己识记单词困难的问题。教学中，首先，我们要指导学生掌握26个字母及字母组合在英语单词中的发音规则，帮助他们在脑海中建立一个以字母及字母组合组成的发音体系，培养和建立基本的英语发音意识和思维模式。其次，要学生通过找语根、划分音节、找重读音节等，自己学会拼读。同时，要鼓励学生大胆拼读单词，教师给予点拨指正。学生只要多加练习，定能独立、正确地拼读单词。学生只要学会自己解决读音问题，达到见词能读的程度，他们也就有了基本的学习能力。

二、教会学生分散积累、重点练习

在学生自主拼读、记忆单词的基础上，教师再通过整体把握，将每单元的单词及相关词汇分解到每一课时，在一定的语境中指导学生进行重点学习，做到精讲精练，使学生完全吃透学习内容。在英语阅读教学中，教师如果对阅读中的每一个新单词及其相关短语、重点句子进行梳理，做到面面俱到，反而大有弊端：一是学生阅读时间没保障，二是淡化了阅读技巧训练。因此，教师应根据学习内容分解词汇，每节课有不同侧重点地讲解、练习及运用，从而做到有的放矢，精准学习。这种任务分解法，要求每节课教师要精选典型实例、重点讲解，让学生重点练习，并在文本阅读过程中感悟其用法，以加深理解，进而牢固掌握。词汇教学是要贯穿课堂教学始终的，或一课一得，或一课几得，都需要学生当堂消化。这样可以帮助学生轻松学习英语，减轻学生的负担。

三、指导学生学会运用单词造句

初中英语教材每一单元的单词基本都与本单元话题有关。教师指导学生运用单词或相关短语造句，能很好地加强他们对单词词性、词义的理解与记忆，提升他们灵活运用词块构句的能力。比如每节课后，或者一个单元结束后，可以让学生们用新单词造句，或者灵活运用一定的语法结构将几个新单词放到一个句子里。这种方法能最大限度地调动学生巩固、内化单词的积极性，以达到提高词汇运用的能力，加深记忆的目的。对于那些学习能力较强的学生，还可以指导他们用自己的话叙述或评论文章的内容，或者运用几个单词来讲述故事，使他们能熟练地运用词块来正确、流畅地表达。无论是单句还是短文，造句法都可以拓展学生的思维，提升他们的整合能力。

世上无难事，只要肯攀登。只要教师能引导学生努力做好这三点，词汇学习将是非常容易的一件事。

第二章　雪泥鸿爪

学生抄袭作业的根源在哪里

每周学校召开行政会，总有一件事会被提起，就是值周领导、值周教师发现学生到校后有抄袭作业的现象，而这个现象几乎每个班都存在。大部分教师都从学生的层面上找问题，认为学生太懒惰、不认真对待作业，于是通过班规、班级公约去要求学生，通过检查去督促学生按时完成作业、养成良好习惯，但效果并不明显。

一天，有两位同事无意间跟我谈起两个学生做的作业时，一脸的无奈。这两个学生都是班上较为优秀的学生，但他们的作业毫无质量可言，这令家长和老师很头疼。他们每天都想着快点儿完成任务，至于做得好不好、准确率高不高，根本不在乎。当爸爸妈妈指出错误时，他们也不纠正。于是我利用课间，找到了这两个学生。我问他们对做作业的看法，问他们为什么完成练习后不核对一下是否正确，为什么对做错的习题不做更正。这两个学生的回答，让我很吃惊。Cindy说，有时候各科老师像商量好了似的，晚上家庭作业布置得特别多，全部完成都接近12点了，根本没时间检查。Steven说他容易打瞌睡，往往作业没做完就困得不行了，也就顾不上看答案、检查作业了。两个孩子的话反映出来的问题，让我不得不深思：这两个孩子学习成绩都不错，完成作业尚有困难，更何况在学习上落后一些的孩子。学生作业多、负担过重，便会忽略了质量。更有甚者，不会做就干脆放弃，于是就有了学生为应付检查，突击抄袭作业的情况。

班级授课，是为了让每个孩子去接受相同的教学内容，但个体的差异也产生了不同的效果。一个班级50多个学生，学习能力各有差异，集中教学会有不同程度的结果。有智慧的教师往往在课前就会准备有层次的学习目标，在课中会设计统一的、分层的练习，课后也会有分层作业；对不同层次的作业也会有不同的要求。而我们大部分教师布置的作业都是统一的，要求也是一样的。有的学生做作业速度快、准确率高，有的学生做起来却很吃力，有时候仅做一科作业就花费了大量时间。对学生们来讲，不合理的作业，是一种折磨，而这也会引起这部分学生极大的厌学情绪，导致抵触、拖延、应付作业的现象发生。

通过进一步了解，我发现教师布置的作业还存在一些不科学、不合理的现象。大部分教师布置的作业近乎题海战术，都是一些不加筛选、不加思考、缺乏指向性的作业。还有一些学科的教师布置较多重复性作业，比如语文、英语作业中的抄写。这些重复性的作业多半收效不大，而一些超负荷的作业更是没有考虑学生的差异性与承受能力。速度慢的学生做一套题就要用一两个小时的时间，再加上其他作业，若都完成，就要做到很晚。他们也会从最初的坚持逐渐变成应付差事，最后发展到通过抄袭作业来达到完成任务的目的。还有一些家长为了孩子能得到高分、决胜中考，回家后还给孩子安排了其他作业。有的学生还参加了课外补习班，回家后就更没多少时间做作业了。这些因素造成部分学生做作业时心不静，效果差，精力不足，最后必然导致不能按时完成作业。

学生抄袭作业，反映出的是教育教学中存在的问题。作为老师，首先要研究学生，研究作业，然后再去布置适当、适量、有层次的作业，这样才会激发学生做作业的动力，做到真正意义上的巩固、梳理，而不是纯粹为了完成任务。教师先精选作业，布置高质量的作业，然后再要求学生去高质量地完成，这才是正确的做法。

放下霸气

二十多年来，无论是当班主任还是做科任教师，我心中一直在本能地维护自己作为教师的那份"霸气"。因为我认为自己决定的事情是经过认真思考的，一般情况下都是合理的。因此习惯了我下达命令，学生必须认真履行和服从的相处模式。这造成学生很少愿意跟我沟通。

他们也许是"怕"我的威严，在课堂上每当我用严肃的目光扫过学生时，那些走神或者搞小动作的学生都会有点儿小紧张。他们会自觉地回过神，坐正听课。一次公开课上，一个非常温暖的眼神却让我的内心发生了很大的变化。马永军——是一个有些粗心的孩子，他书写潦草，时常偷懒，还老忘记带作业；他脾气倔强，犯了错还接受不了批评。在我眼里，上公开课时他是不会举手发言的。没想到，我的问题一抛出，他居然高高地举起了手。他用一双满含期待的大眼睛紧紧盯着我，右手还指着自己的胸前，嘴巴说着"我！我！我！"我的目光被他的眼神吸引，他那纯真的行为打动了我，我的眼神随即变得柔和而欣喜。我轻轻扬了一下头，眨了眨眼睛，问道："你想回答？"他立即重重地点了下头，我也点了点头表示同意。他立刻站起来，眼里溢满了开心。他声音响亮地回答完后，很可爱地笑了笑。那灿烂的笑容瞬间融化了我那所谓的威严。那一刻，我的心情变得很复杂。在和这个孩子相处的过程之中，我从来都没有过像这样融洽无间的感觉。在跟他交流的经历中，我除了严肃地要求他按时到校，要求他认真做作业，对他的学习进行指导外，基本再无其他交流。而那次公开课，我们和谐而温暖的眼神交流，唤醒了我内心深处最柔软的部分。

就是这样一次会心的眼神交流，让我反思了自己的许多行为。平日的霸气与威严，曾让我失去了很多次与学生进行眼神交流与心灵共鸣的机会。课堂上有些学生结结巴巴地表达不清的时候，为了节约时间，我没有足够的耐心去指导、去等待，我的行为抹杀了多少学生的自信啊！检查作业时，健忘的学生没带作业，我不信任的目光像指责他一定没有完成一样，让他们望而生畏，不敢辩解；学生犯错误时，我时常严厉地批评与指责，不容他们有半点辩解之词，这些又使我失去了多少学生对我的信任啊！而马永军就是这样一位被我时常"教育"的孩子。但是，他却给我上了一课，我开始重新审视我的威严与霸气。

从现在起，我要放下霸气，蹲下身来，与孩子们耐心交流，激发他们内在的、自然的灵气，让他们在一种和谐、轻松的环境下认真学习，健康成长。

第二章　雪泥鸿爪

管理与教学都很重要

九年级（A）班是这个年级十几个班中最优秀的班集体。因为班上有一拨优秀的班干部，他们不但成绩优异，而且能力与品行都非常好。这些孩子平时能引领班级良好的学风，引导班级中的孩子们有更好的行为走向，并为班级带来满满的正能量，使得这个集体充满了朝气与阳光。唯一不足的是班上的英语成绩总是落在全年级的后面，这成为该班的"硬伤"。

依学校惯例，若有去参加培训学习或者请假的老师，他们所任的课程就由同学科的其他老师来承担。八年级时我为（A）班上了一段时间的英语课，所以了解了他们的英语学习情况。起初的两天，学生们听课非常认真，而且总会有一些学生在课堂上有出人意料的表现，令人眼前一亮，我也的确为这些孩子的精彩表现而惊叹。可慢慢地，随着我对全体同学的深入了解，我发现（A）班学生的学习状态很不均衡。有些学生沉默寡言，他们早已跟不上英语学习的步伐了。我不由得感到紧张，生怕师生互相适应的过程又会影响到他们。

接下来的几天，我一边观察，一边调整教学设计和教学方法，想尽快跟他们磨合到最佳状态，以便我们能相处得融洽，这样我在课堂上就能照顾到更多的孩子。我发现还有一些学生上课时容易走神，还不愿积极参与活动，更不热衷于发言。尽管在课堂上我尽力创设情境，营造宽松的学习氛围，鼓励他们大胆参与活动，但他们被动的行为与缓慢的节奏，与其他学生形成了很大的反差。有的学生抢着回答问题，抢着上台展示，但他们毕竟只是一小部分学生，而半数以上的学生都显得似懂非懂，跟不上课堂节奏。也许出于对我这个新老师的好奇，前几节课不管听懂与否，大家都精神十足。但随着课程的深入，我发现很多学生单词发音不准，需要纠正；语法不清、句子结构混乱，需要指导；作业拖拉、书写不整洁、错误较多，需要检查……许多问题的显现与不良习惯的暴露让我感到无所适从，也让我感到了从未有过的吃力与担心。再观察班上那些表现突出的学生，因其余孩子不善于言辞，所以他们表现的机会特别多。我想，这大概就是这个班的特色与常态吧。

课后，我找到了英语课代表，经过细致的沟通才知道，他们的英语老师与其他科目老师有着很大的差别。其他科目老师要求严格，上课时同学们精力旺盛，积极主动，基本没有走神或者不学习的同学，而英语老师则没什么要求，课上同学们表现得很随意。只有一小部分同学一遍一遍抢着回答问题或上台表演，热火朝天；而大部分同学表现得很被动。还有个别同学会睡觉、走神，或悄悄做其他科目的作业。他们的英语课随着一小部分同学的节奏稳步推进，也一天天地甩掉了许多跟不上又不努力的同学。课代表还说，每天早自习时间，同学们有背诵古诗文的，有记化学方程式的，有预习物理的，却很少有记英语单词或读课文的。当我问及原因时，他们回答说，语文老师每天都会有具体的学习要求，并有检查；化学老师也明确地布置了需要记住的知识点，课堂上随时会检查；物理老师也布置了预习作业，课前会进行交流。唯独英语老师没有具体的要求，所以导致许多同学一整天都不温习英语。

我突然明白他们的英语成绩与其他班级差距大的原因了。初中英语教师的导向与要求对学生来说太重要了，因为他们还没有形成一定的自主学习能力与自我约束能力，所以无法保持学习的持久性。因此，教师的教学方式会影响学生习惯的养成与学习品质形成。

教师的教学与课堂管理都很重要。如果课上、课后教师完全放手，让学生自由式发展，难免会有学生没有自主学习的能力。所以说，脱离管理的课堂，是松散、无序、低效的课堂。

第二章 雪泥鸿爪

关键时段，特别关注

　　紧张的中考复习阶段到了，各学科整合复习的强度增大了，学生之间的学习能力也拉开了差距。大部分学生都是信心饱满、精力旺盛的；但也存在一小部分学生学习很吃力，课堂上明显有些疲惫。加之各科课后跟进的练习也相应多了起来，导致部分学生面对中考冲刺时压力倍增。

　　我的英语课总复习是从八年级上册开始的。我尽可能科学地安排复习内容，精心筛选作业、习题，以便所有学生都能轻松跟上复习节奏。可是没过几天，我就发现有几个学生不太对劲。在我看来，我布置的10分钟课堂作业、20分钟家庭作业，强度不大，他们应该能轻松完成。但他们却总是拖拖拉拉，应付的迹象非常明显。于是，我中午抽空去教室了解了一下情况。我才检查了两个大组的作业，就发现Leo和Steven的作业有抄袭痕迹，而这两个孩子原本都是很优秀的学生。当问及缘由时，他们目光躲闪，表情也极不自然，似乎有难言之隐。于是，我便把他们带到办公室。一进门，Leo便伤心地哭了，他说七年级进校时，家长、老师都非常重视他的学业，自己更是一点儿都不敢马虎、不敢怠慢，所以各科成绩都很好。而到了八年级，父母觉得他已经适应了学校生活，就放松了要求，放手让他自主学习。没有父母约束，他开始敷衍功课，结果不知不觉就掉了队。Steven也诚恳地说，他在八年级时偶尔作业偷懒老师没发现，自己也觉得不是什么大事。长此以往，他的学习成绩便下滑了。进入复习阶段后，大家都快马加鞭，他就更赶不上其他同学了。虽然心里感到很着急，但又不好意思告诉师长。为了完成任务，他就选择了抄袭别人的作业。

　　回忆八年级的教育教学，我们还真是放松了管理，认为学生已经适应了初中的学习生活，便不再盯着学生的一些细枝末节。我翻看了一下八年级期末成绩，他们俩都由班级前20名滑落到了40名左右。看来他们掉队已不是一天两天了，早已落下了不少的功课，这让我感到十分焦灼。听着孩子们的诉说，我的心里感到非常内疚。作为老师，我非常清楚，八年级时段是中学生思想最不稳定、观点最不成熟、成绩最容易滑坡的时段。却因为我们疏忽大意，没有及早发现他们掉队的迹象，没有关注他们的变化，导致他们在最关键的一年里荒废了学业。后来通过了解，我发现班里像这样的孩子还有好几个。他们都是在七年级入校时刻苦努力，遵守班规、校规，各方面表现皆不错的孩子，却在上八年级时由于自我意识增强、同学间交往密切，逐渐放松自己，变得贪玩、爱凑热闹、沉迷游戏等。于是一些学生开始出现不按时完成作业并抄袭作业的现象，随着时间的推移，他们的成绩开始下滑。到了毕业季，在紧张的复习阶段，他们已经无法再跟上班级复习的节奏了。

教育是一个耐心、细致而又充满挑战的工作，稍不留心，就可能会无法及时掌握学生的行为与心理变化。青春期的孩子一旦不自律，养成随心所欲的习惯，就会在遇到困难时，想要退缩、逃避。在八年级这个关键的阶段，教师要特别关注学生，不能在疏忽大意中让他们不知不觉淡出我们的视野，离优秀渐行渐远。

第二章　雪泥鸿爪

第三章

美丽心情

故事，每天都在发生。

教师用一种美丽心情去理解教育、理解学生、解读故事，教育才会有温度。

美丽心情

选择了教师职业，就是选择了和孩子们在一起的生活。我在农村、县城从教多年，虽经历了学校的变换、任教学科的变换、身份的变换，但我那颗美丽而真挚的爱生心却从未改变。跟青春期的孩子相处，有酸甜苦辣，但更多的是幸福的体验。我深知，只有用最美的心境和孩子们相处，才能做到彼此理解与信任，真正享受教育的美好。多年来，这份美好一直深藏在我心底，就连我的工作QQ号的名字都叫"美丽心情"，并伴我多年。我时常想把我和学生的故事分享给身边的每一个人，把这份美好的心情传递给每一位教育人。

难舍的牵挂

不当班主任近十年了，但爱操心的习惯仍然改不了。班上学生细微的变化总是牵着我的心，一发现学生出现小问题，我仍忍不住要"唠叨"几句。面对我的"温情教育"，学生们不再困窘地搓着手，红着脸，而是认真地倾听，开心地与我交流，有些学生还顽皮地边做鬼脸边连连说"马上改"。

同事们看到我和学生关系亲密和谐，很是羡慕，他们常说："施老师带哪个班，哪个班的学生就特别喜欢她，而且成绩也特别好！"一位班主任也说："我班的学生喜欢施老师赛过我！施老师可喜欢她的宝贝们了！"我与学生心灵相通的时候，学生在我嘴里就变成了"宝贝"，而我在他们嘴里也变成了"Sally姐姐"。学生跟我越亲近，上课表现越好。我只需用一个鼓励或嗔怪的眼神，他们就能心领神会，很自然地还我一个眼神或表情，不需任何语言。学生在路上远远见到我，会跑过来向我问好，我也会拍拍他们的肩膀或摸摸他们的头，表扬他们几句。每一个孩子都是独一无二的，每一颗心都有一个世界。但我和孩子们的心总能很近、很近。

Alice是一个小精灵，在班上非常活跃。当学生们学唱英语歌曲时，我一下子被她甜美的声音吸引住了。我表扬了她，她开心地笑了，那洁白的牙齿、浅浅的酒窝给我留下深刻印象。她在英语课上的表现力非常好，成绩也不错。后来我还发现她有极好的人缘，号召力很强。可是，没想到，在我眼里这么优秀的一个学生，八年级时却开始接二连三地旷课。她第一次不到校上课，我的心里有些失落，那个空座位让我走神；她第二次不到校，我有些担心，心想她家里不会有什么事吧；她第三次缺课我终于忍不住了，悄悄问了她的好友，便得知她一连几天都没来上学了。于是我赶紧去跟班主任交流，想动员她回来上学。班主任说Alice有了不良习惯，她跟其他班上的几个不爱学习的孩子在一起，不上学也不回家，最近还学会了抽烟、喝酒。她甚至建了一个QQ群，好几个班的调皮学生都在那个群里。

得知此情况，我开始坐立不安。我们都很清楚，学生不上学待在家里，家人工作一定不安心，学生也会随着落下的功课过多而厌学。于是我动员班主任给她的家长打电话，鼓励Alice到校上课。可是Alice根本不愿上学，无论家长怎么苦口婆心，她都坚持自己的想法。当我拨通家长的电话时，得知他们父女俩已经闹僵了。她爸爸说他一气之下把女儿的书全烧了。我似乎看到Alice倔强而忧伤的眼神。也不知哪来的勇气，我在电话里责怪她爸爸做事莽撞，不理智，并告诉他，孩子的不良习惯不是一天形成的，有了问题要及时解决。我让他想办法尽快带孩子到学校来。

第二天，我在班上告诉同学们，英语老师一直在等Alice来上课，希望她尽快回到我们的团队里来，并让她的好友捎话给她。课后我又一次拨通了她爸爸的电话，告诉他我已经从学校找了一套学生用书，等他带孩子来上学。他爸爸也认识到自己的急躁是不对的，在与孩子耐心交流后，终于带Alice来上学了。父女俩到校后第一个见了我，当我郑重地将一套新书交到他们手里，Alice的表情很不自然，羞涩地笑了笑。我微笑着说："我终于等到了你，以后也会一直关注你，别让我失望！"她小脸通红，向我深深地鞠了个躬。

后来我一直关注Alice的思想动态，并利用闲暇时间跟她促膝长谈。我能感觉到她已经认识到自己的错误了。事实证明，在后来一年多的时间里，Alice

变化很大，到九年级毕业时，她已经是一个正能量十足的阳光女孩，英语也成了她学得最棒的一门学科。

美好的情谊

因爱人生病住院，我有三周时间没去上课。在家的日子紧张而忙碌，虽顾不上学生，但我还是时不时浏览一下班级的微信群。课代表每天都在群里及时反馈课堂和作业情况，一切有条不紊。偶尔我也会看到同学们关切的问候，还有期待我早日回来上课的信息。

三周后，我来上班了。早自习铃声响过后，我正在办公室备课，忽听得门外叽叽喳喳。抬头一看，虚掩的门口突然探进两个小脑袋，两人你推我，我推你地跑进来说："Sally老师，你终于回来了，太好了。我们每天都来看一次你回来了没有！"两孩子说完站到我身边，一脸关切，我还没来得及跟他们俩交流，又跑进来三位女生。Sarah激动地说："老师，我们想死你了！我都不知道要说什么了，我激动得要哭了！"看到她清澈的双眸里噙满了眼泪，我心里顿时有些难受，禁不住热泪盈眶，说不出话来。站在一旁的课代表一看情形不对，连忙拉拉同伴的手说："你看你把老师惹哭了，我们先回去！"他们出了办公室。接下来，同学们三五成群地来办公室看我，弄得我又感动又难受。这久违的温暖让我忘却了三周来的疲惫与焦虑，很快找回课堂上的激情，进入了工作状态。

下午到校后我在办公室批阅作业，班长喊了一声"报告"进来后，神神秘秘地对我说："老师，请你去教室一趟，我们有问题请教！"我走进教室，一束鲜花递到我面前。"祝叔叔早日康复，也祝老师开心快乐！"学生们的这一举动让我愣了一下，回过神后我的眼睛又湿润了。他们的关心与祝福，让我体会到亲情般的温暖。我哽咽着说："宝贝们，今后我们一起努力！"一片掌声响起，我泪眼蒙眬地走出教室。

回到办公室，我继续批阅作业，阅到最后发现缺了一本作业。是哪个学生忘交了还是什么原因？我正想去查一下，Tom拿着作业本进来了。我笑着说："老师正想你呢！"他羞涩地笑了笑，等我阅完作业后，他怯怯地问道："老师，叔叔好些了没？"我连忙说："好些了，不用担心！"他开心一笑，转身跑了。我这才明白，这个一向懂事认真的孩子不是忘了交作业，而是想借此机会跟我说句话。这一句问候语，让我内心又感动了很久，我紧绷的弦慢慢放松，紧张的大脑渐渐平静下来。晚上回家后，跟爱人谈起我和学生们的一天，他也幸福地说："学生们待你真好，情谊深长。"这浓浓的师生情谊，让我更加坚定了我的教育梦。一个能走进学生心灵、能融入学生生命中的老师是多么幸福！

真诚的谢意

下午自习课后我走出教室，门口闪出一个熟悉的身影，是刚从这所学校毕业的Poter。他挽着我的胳膊，边走边兴奋地说着他的新学校。他说他专门在教师节这一天来母校，利用放学时间办理团员关系，顺便见见我，把憋了好久的话说出来。

他说他中考成绩揭晓时，英语成绩特别好，连爸爸妈妈都不相信。他非常感激我在他最艰难的时候，一直鼓励他、帮助他。今天他一定要表达一下谢意。他滔滔不绝的话和开心的笑脸感染了我，我的情绪也高涨起来，谈起了难忘的九年级生活。

九年级第二学期开学两周后，Poter不来上课了，这个帅气的小家伙不时牵动着我的心。我从班主任那里得知他生病住院了，便深深为他捏一把汗。面临人生中的第一次选拔性考试，这时候落下功课，他心里一定也很着急。

两周后，Poter的爸爸来学校找班主任，说孩子生病需要请假近一个月，怕功课跟不上，决定给他办理休学手续。但与班主任和任课老师沟通后，他又拿不定主意了。如果孩子休了学，不能参加中考，还得再等一年。如果不休学，怕孩子落下功课，跟不上复习节奏。基于各种原因，他想回家后再跟孩子耐心沟通一下。

第二天上课时，Poter已经回到了课堂。他被老师安排到了第一排，我们都很关心他，同学们也谦让他。可他一生病，却一反常态，做事漫不经心，学习敷衍，上课总走神，心理还特别敏感、脆弱。只要跟老师、同学们交流稍有不如意，回家就跟爸爸妈妈发牢骚。结果只上了两天课，他就干脆不来了。通过观察，我发现他的身体恢复状况还不错，基本能适应正常的学习生活。他不来上课的主要原因是落下的功课赶起来很费劲，目前学习特别紧张，他一时无法适应，对学习没有了自信。

于是，我打电话跟家长沟通。家长说休学不是他们的初衷，而是孩子的想法。孩子认为自己学习已经跟不上了，中考根本没把握，不如选择休学。面对两难的家长，我提议如果孩子身体允许，就让他坚持一段时间，落下的功课我可以想办法帮他补。我还建议他告诉孩子，这种情况学校不允许休学，让他尽早到校上课。Poter一听说休学不可能了，也就只能到校上课了。

再次返校后他安静了许多。因其他学生都进入了紧张的备考阶段，忙忙碌碌，他自然不能闲着，也开始行动了。我趁此机会，从关心他的身体状况、饮食、运动情况入手，跟他聊中考和他的打算。他很难过地告诉我说他是没信心，怕考不上高中才退缩的。以我对他的了解，他的基础并不差。我鼓励他说："我对你有信心，只要肯努力，你能行！"他的眼神里闪过一丝惊喜，但很快又暗淡下来。接下来的几天，我一进教室就先跟他聊几句，并不断给他打气，鼓励他有困难多向老师、同学请教。我也在倾全力帮助他。他开始慢慢进入了学习状态，脸上有了笑容，眼里有了光彩，我甚至发现他课间都在思考、交流数学题。功夫不负有心人，在最后一个阶段的模拟检测中，他取得了很不错的成绩，其中英语成绩进步最快。

中考的那几天，我跟班主任们几乎每天都在校门口目送学生进入考场，迎接他们出场。英语测试结束后，Poter一出校门就直奔向我，嘴里还大声说着："老师，太好了！太好了！"他夸张的表情吸引着周围家长的目光。我拍拍他的肩膀问道："什么太好了？"他激动得连说带比画："我的英语考得太好了！"看着他开心的样子，那一刻我真替他高兴。后来我得知他被永登一中顺利录取，进入了他向往的高中。

孩子内心真诚的谢意让我明白，在他彷徨无助的时候，我们帮他一把，也许是一件不起眼的小事，但对他而言，能否跨过那个小坎在他的人生中却是最重要的事。那些单亲家庭的孩子、成绩掉队的孩子……更值得教师去用最美的心态与语言善待他们、关爱他们。

愿每个人的教育人生，因爱而熠熠生辉，因美丽的心情而更加动人！

做一名有教育情怀的老师

自我懂事起，一生都在农村任教的父亲和他的学生们便给我留下了太多美好的印象。每当节假日，一些毕业的学生总会三五成群地来到家中，与父亲一起谈天说地。那温馨快乐的场面，至今仍烙印在我记忆的深处。他的学生中有务农的、经商的、从政的，无论是谁，在父亲身边他们都恭敬有加。这令幼小的我觉得父亲很了不起，觉得当老师很了不起。因此在1986年临近初中毕业，当父亲建议我报考师范学校时，我欣然接受，从此注定了我的人生要和孩子们在一起。现在，我已在平凡的教育生涯中度过了29个春秋，虽无惊心动魄，却不乏精彩的故事。细数那些充满诗意与感动的瞬间，总会触动我的心弦，让我在顿悟中增长智慧，产生动力，努力成为更好的自己，这就是我梦开始的地方。

扬帆：选择了远方，风雨兼程

1990年，19岁的我毕业后走上工作岗位。永登县苦水镇周家庄学校，是我教学生涯开始的地方。周家庄学校是一所八年制学校，我承担了四年级的数学课以及初中三个年级的音乐课。初上讲台的我对教学充满了激情，总是积极向老教师请教、学习。上班第一年，我就获得了永登县课堂教学比赛优质课奖。这个荣誉给了我莫大的鼓舞，也让我在小学数学领域迈开了重要的一步。可是第二年的新学期伊始，校长找我谈话，说学校缺英语老师，打算让我去代英语课。农村学校英语老师奇缺的状况，我很清楚。全校无一英语专业老师，只有一个高中生给每个班轮流上课。学生对学习英语无限渴望，我不能跟校长说不。因为我是师范生，当年的师范生就应该是多面手，行行通，哪里需要去哪里。从此，我成了同学们心目中的 "专业"英语教师。但我在永登师范就读时压根没有英语课程，我只是自学了一点儿英语，根本不知道怎样教英语。而且我口语薄弱，词汇量有限，英语素养不高，教学方法单一。更让我忧虑的是，我不知道从哪里着手。我迷茫、徘徊、焦虑……我开始想方设法提升自己。首先，我试着报了英语广播课程，边上课边学习，每天晚上我都按时收听广播，不停地练习口语。那是大连外国语学校以广播形式组织的函授教学，虽然最终发给我的是结业证，但那两年的学习让我的英语口语突飞猛进，我的发音越来越地道。接着，1993年我又参加成人考试，争取到脱产进修的机会。在那里，我认识了专业水平很高的老师，也遇到了像我一样已经在工作岗位上"学"了好几年的老师。我们每天坚持早起去操场记单词、背课文，晚上拼命做专业阅读，废寝忘食。我很珍惜这个机会，勤奋苦读，夯实了英语基础，全面提升了英语素养。这两年的学习，使我成为真正意义上的"专业"英语教师。两年后走出教育学院的那一刻，我觉得我的底气更足了，孩子们也因此而受益。后来，我又开始积极准备参加本科函授考试。这场英语学习的马拉松一直持续到2004年。经过十年的苦读耕耘，我终于取得了兰州大学网络学院英语专业本科毕业证。在英语学习的征程中，我扬起了理想的风帆，获得了丰厚的专业基础知识，使后来的教学游刃有余，教学风格也越来越鲜明。

起航：从 "灭绝师太" 到Sally姐姐

初当班主任，年轻气盛、意气风发，我凭着一股干劲，凡事都争第一。班上的大小事我亲力亲为，毫不马虎；所带班级秩序井然，成绩优异，在学校举办的各项比赛中频频获奖。看到教室里挂满的奖状，我心里很自豪，觉得那是一种看得见的成就感。那几年，我们班的班规 "威名远扬"。很少有学生迟到、旷课、不写作业，即使有人偶尔犯了错，也会主动来找我承认错误。班里的学生很怕我，大老远看到我，就立刻躲起来，因此我的绰号"灭绝师太"诞生了。

可是，后来发生的一件事对我触动很大，"灭绝师太"的绰号也成了我心里的痛。有一天，班上一个很有个性的女孩找到我。她说她跟同桌闹了好几天别扭了，没办法，只好求助于我。她的同桌是个调皮的男生，不上进、爱讲话，老抄袭作业，最近还经常搞些恶作剧，她实在忍无可忍了。听完她叙述后，我当即将男孩调至最后一排。尽管男孩子换座位时满眼的不乐意，但碍于我的威严，只好沮丧地收拾好东西，将书包搭在肩上，低着头走到最后一排坐下。根据以往经验，这样调解完，过两天也就没事了。可是，座位调完不久，女孩子又来找我。她抬头看着我不解的表情，伤心地哭了，边抹眼泪边说："老师，我要的不是这样的结果！"结果？我当时愣了一下，我以为这样的结果是好的，也很少有人质疑我的做法、挑战我的权威。她的一句话让我很震惊。这几天这两个孩子的情绪不但没有好转，反而关系更加别扭、学习更不专注了，尤其是男孩子，他好像对什么都提不起兴趣了。他们的反常表现令我不安，我意识到自己一些霸道的做法欠思考、不够科学。那些天"灭绝师太"一词一直萦绕在我的心头，让我特别难受。我静下心来，认真反思了自己不成熟的做法：学生有问题来寻求帮助，我不但没有理性解决，反将女孩的求助诠释为告状，武断地用换座位的方式惩罚男生，将他们的友谊推向破裂边缘。我做了一件多么愚蠢的事！经过一番内心的挣扎与权衡，我放下了严师的架子，单独找两个孩子，耐心地同他们进行了交流，并向他们道歉。我尊重他们的意愿，让他们重新做了同桌，并解决了他们之间的矛盾。从那以后，我努力改变自己，潜心阅读有关班级管理的专业书籍，提升班级管理能力。于是我逐渐成了一个学生愿意亲近、家长乐意沟通、同事喜欢交流的优秀班主任。

也不知从哪天开始，孩子们开始亲切地叫我"Sally姐姐"，他们有事愿意找我帮忙，有烦恼愿意跟我倾诉了。每每看到他们内心困惑消失后如释重负的表情和开心的笑脸，我就有一种前所未有的成就感、幸福感！"Sally姐姐"是我班主任生涯中引以为豪的称呼，也是我教育事业中前进的动力，开启了我智慧教育的新航程。

乘风：大拇指激起教育智慧

宽严相济的教育让我获得了孩子们的心，他们在英语课上表现出前所未有的活力，积极参与活动、大胆交流、自信展示，课堂上充满了欢声笑语。

孩子们学得轻松，成绩优秀，在全校十几个平行班级的英语能力竞赛中，我班学生几乎包揽了所有奖项。我多次被评为学校、区、县优秀教师。后来，我又被学校推选为兰州市教学新秀候选人。我心里十分紧张，因为这次是全市范围的初中优秀英语教师同台竞赛，还要参加课堂教学比赛后的答辩。就在我紧张不安的时候，教导主任竖起大拇指对我说："我相信你是最棒的！你资质不错，很有潜力，最近多磨磨课，好好准备吧！机会难得，要有信心。"这个大拇指给了我无穷的力量和信心，一下子让我紧张的情绪缓解了许多，我的内心不再那么焦灼。我开始静下心来研读教材，琢磨教法，设计教学活动……接下来的几天，教导主任一次次带领学科组长深入我的课堂听课，课后又及时研讨、给予指导，并让我再三提炼修改。这样，在很短的时间内，我的课堂教学设计、反思能力迅速提升。同时，同事们的热情帮助，让我满怀感激、信心百倍。竞赛当天竟然有几个同事来到现场，下课后我才发现他们坐在教室后面。更让我惊喜的是我看到教导主任站起来，远远地又为我竖起了大拇指。那一刻，一股暖流涌上心头，让我备受鼓舞。最终我以第四名的好成绩获得"兰州市第八届教学新秀"称号。从那以后，"大拇指"也成了我教育生涯中常用的一个手势，每每遇到孩子们有了精彩的表现、可喜的进步、小小的成功，我都会毫不犹豫地竖起大拇指，把表扬与期待、信心与力量传递给孩子们，让他们自信地坚持下去，让他们努力做到更好。

"好风凭借力，送我上青云。"大拇指是我的"好风"，一次次激励我迈开新的步伐，一次次鼓励我攀上教育里程中的一座座高峰。"大拇指"也是我给孩子们的"好风"，他们也在我一次次的点赞中提升了学习兴趣，获得了成长的快乐，迈向了新的未来。

破浪：意外的暖手宝

随着教育教学能力的提升，我的工作性质变得复杂起来。教育教学任务、教导处管理工作、名师工作室28人团队工作，使我每天都忙忙碌碌的。

秋冬之交的永登县寒风袭来，气温突降，工作时间一长，双手就不能舒展。没想到一个暖手宝突然出现在我的办公桌上。这个既暖手又暖心的淡粉色的绒布小狗，憨态可掬，只需充一次电，就能保温好几个小时。它每天伴我左右，呵护我的双手，温暖着我的心。原来这个小礼物是一个男同事送的，年级部的老师都难以置信，连我也感到意外。因为他是一个很有个性的男士，他的个性之一就是从不多花一分钱给别人。但我心里明白，这个暖手宝的情谊与钱毫无联系，这是一位青年教师积极向上、渴求进步的标志，更是对我工作的肯定与善意提醒。这个暖手宝是他在兰州市第十一中学上完观摩课后买给我的。原因很简单，学校安排他承担一节市级观摩课，我知道他心里没底，就主动跟他沟通教学设计并提出合理建议，主动提起凳子去听课。我与他一遍遍磨课、一次次设计，最终，他突破了瓶颈，进入了良好状态。他用出色的表现证实了他的实力。最重要的是，自此以后他有了新的想法与目标，个人发展也进入了快车道。其实，在教育生涯中，没有一个老师不愿意成长，也没有一个老师不想变得更优秀。也许你的某一句话，就能点燃他成长的火种；也许你一个不经意的提醒，就能助力他的发展。

选择了大海就乘风破浪，选择了蓝天就展翅翱翔。一路走来，我的心中充满了感动。自己的努力与奋斗、孩子们的信任与进步、领导同事们的关心与帮助、青年教师的成长与成就，都让我倍感温暖。因此，我愿毫无保留地分享我的成长经历和经验，希望给同事们带去些许的启迪。我愿继续痴情于我的英语教学之路，播下希望的种子，携手教育同仁，努力耕耘，共同远航。

再走一步

新学期开始了，七年级刚入学的学生英语水平差距很大。那个怕张嘴，上课时眼神老是回避老师目光的孩子，怕读音不准，被别人笑话，课堂上回答问题时声音总是小小的，很拘谨。我知道，他的心里一定很紧张，像这样一个缺乏自信的孩子，如不及时调整，他会在不知不觉中掉队。

我想在新的学期、新的班级，打造一种"安全"的乐学课堂，让每一个学生在英语课上没有压力、没有退缩、没有自卑，让每一个学生建立自信，大胆张嘴说英语，大方自信讲英语。因此，在开学的前几周，我最大限度地关注每个孩子的学情，了解他们的英语基础及学习中存在的问题，尽力帮助学生克服羞怯、自卑的心理，营造和谐、互助、轻松、快乐的学习环境。

我发现大部分学生在语音方面的问题多，农村学生读音不准、口语薄弱，调整起来特别困难。但我对自己的挑战毫不松懈，尽管工作忙，只要一发现问题，我都会紧盯着他们解决清楚。为了跟课堂上表现不太主动的学生多接触、多交流，下课后，我会在教室里多逗留一会儿，说是熟悉他们的英文名，实则鼓励学生多讲英语。中午，我会抽时间面批部分学生的作业，说是为了督查学生书写，实则为了边批阅边了解他们的学情，以便掌握他们的口语程度。自习课时，同学们互相检查单词，我也会亲自抽查一部分学生，有方向地指导个别学生正确发音，帮助他们纠正错误的读音，指导他们科学记忆单词……这些方法总能有的放矢地解决一些主要问题，缩小学生间的差距。那个胆小的孩子也在我的关注下开始张口交流了，课堂上也能积极跟同伴练习口语了，并且能按时上交作业了。

教师节那天，我正埋头忙手头的工作，有个学生来办公室找我，他就是那个曾经十分拘谨的孩子。由于教导处工作繁杂、琐事多，很多时候，上完课我还需要忙其他事情，因此会忽略个别学生课堂上没有解决掉的问题，为了避免这些问题累积，我就提醒学生课后可以自己来找我。他就是课后来找我解决读音问题的。

比起班上大部分学生，他属于读得不好、记得偏慢的。于是我停下手头工作，一遍一遍地纠正他的发音，指导句子结构。课间时间很短，上课铃声响了，但他的发音仍然有点儿蹩脚，我不由得提高嗓门说："赶快回去上课，读个单词有多困难？"这孩子愣了一下，但连忙鞠躬说："谢谢老师。老师，祝您节日快乐！"说完就跑出去了。

其实，话一出口，我就有点儿懊悔，那个孩子非常礼貌的表现，让我更加惭愧。他来找我需要多大的信任与勇气！他不是已经迈出了很大一步了吗？在我不耐烦地责怪他时，他还记得鞠躬表达谢意，更没忘记教师节的祝福。多么单纯、可爱的孩子！为什么自己不能多一份耐心，多给他一次机会？

之后，我反思，一个班级学习水平差距大的原因之一就是教师缺乏足够的耐心。当看到学生思想变化或者成绩下滑时，或许我们会及时提醒他，也会抽空去做思想工作帮助他，但只要他们稍有点儿起色，我们就放松对他们的关注与要求。由于缺乏坚持，等再次发现他掉队时，想让他跟上就更难了。许多时候，我们就是少了这一份坚持，在不知不觉中放弃了一些学生。只要我们多走几步，学生的人生或许就有新的改变。

这个孩子刚到新学校，虽然在学习能力上跟同学们有差异，薄弱的英语基础与不标准的发音让他很紧张，但他不甘落后。在新的团队里，如果有人能帮他、指导他过渡好小初衔接阶段，相信他定会有新的变化与进步。我何不多一份耐心，再多走一步，静待花开呢？

下课铃声响了，我站起身，这次是我去主动找他。因为我知道，老师不屑的眼神、生硬的话语只会给他带来负面情绪，让他更加自卑，自尊心受挫。面对需要帮助的学生，我得再走一步！经过诚恳的交流，我重新指导他读准了单词与句子，并肯定了他的进步，表扬了他的勇气与精神。他冲我使劲地点头，眼睛里闪烁着泪光。我知道，这个孩子不会掉队了，他一定能跟上来！接下来我又去找了他的同桌，通过交流，我跟这个小同桌也制订了一些互助计划，让他跟我一同帮助这位同学。后来的一段时间里，他的变化让我非常感动。每一次我值周早到校，都会发现他早已在座位上，主动晨读；

每一次上课互动时，他都主动请教同桌，主动举手……他的变化让我更加坚定了，任何时候我们都不能停止关注、鼓励、支持、帮助学生提升学习能力，我们迈一小步，孩子们会迈一大步。

教师的鼓励与支持是学生自信心的源泉，教师的坚持与耐心是学生努力前行的坚强后盾。如果教师一味地抱怨学生基础差，一开始就给他们贴上"差生"的标签，就扼杀了孩子们的积极性。作为教师，更应该从小事上看到学生的潜质，耐心培养，等待花儿灿烂盛开。

潜力无穷的学生

从深圳参加完两周的培训，回来已快到期末考试时间了。带着满脑子的新想法，我好想立刻去尝试。可是一进教室看到学生忙碌复习的情景，想法就打了折扣。毕竟他们要考试了，时间与成绩对他们都很重要，纵然有诸多想法也不好在这个时间尝试。

随着其他学科进入紧张的复习阶段，每天练习多，任务重，复习强度大，有些学生甚至熬夜，晚上休息不好，白天就会打瞌睡。我的英语学科因进度慢了几节课，既要补课，又要赶着上新课，学生在课堂上明显有点儿疲惫。面对学生不佳的学习状态和第二天要讲的新课 *The shirt of a happy man*，我陷入了沉思。是停课复习还是接着上新课呢？以前，我很少关注学生感受，只要自己认为是对的，加班加点也要把课讲完。通过这次培训学习，在聆听专家讲座、深入名师课堂、感受名师教育思想与教学主张后，我想改变一下教学思路。

心中有了新的想法，便会从另一个角度看问题、想问题。我开始重新梳理、挖掘 *The shirt of a happy man* 的文本。这是一个有趣的故事，人物个性鲜明，结果令人深思，对学生能力的提升有特别大的帮助。于是，我决定让学生通过小组学习，合作解决问题，然后将阅读故事编排成课本剧，以表演的形式反馈学习效果，带动更多的学生参与学习，强化、拓展学习内容。

我班学生的座位很科学，同桌两人是师友组合，我以前后两桌四人小组为单位指定组长，明确任务，让学生在课堂上以小组学习为主，先自己阅读文本，再通过互相交流，解决问题，最后由组长组织安排角色，排练课本剧。任务一明确，班上一下子热闹起来，就连平时最不愿交流的几个孩子也激动得笑逐颜开，主动跟同伴交流，手还不停地比画着什么。他们忘我的学习劲头也把我带进了一定的情境中。我一边观察，一边巡回指导了几个小组的学习。不知不觉下课铃响了，大家意犹未尽，不愿离开教室。此刻，学习在他们眼里就是一件快乐的事。我顿悟，教师要是点燃了学生的学习激情，引爆了学生的学习力，是一件很了不起的事。

第二天我去教室上课，发现课前所有孩子都在练习课本剧。他们个个神采飞扬、喜笑颜开。这个场景让我很意外，也很惊喜。以前每节课前不都是我安排他们交流讨论吗？他们什么时候有过这样的劲头啊！他们的表现更让我坚定了尝试的信念。上课铃响后我先跟孩子们一起梳理了一下文本，理清了人物Narrator, the doctor, the prime minister, the King's banker, the palace singer, 理清了主要内容They were called to the palace by an unhappy King. They have power, wealth...but they are unhappy，并重点指导了句子结构 They are worried about losing..., something makes them...。这样做是因为我有点儿担心一部分学生因语言表述不流畅，剧情衔接不畅而耽误课堂时间。接下来的情景证明我的担心是多余的，孩子们一组组抢着上台表演，勇气十足，自信大方。每个小组对文本的处理、对任务的分解以及对角色的安排都非常具有创新性。他们每组四人合理分配了Narrator, doctor, prime minister, banker, singer, King和Queen的角色。对于Narrator的角色，有的小组由扮演King的学生代替。这个同学先开门见山地进行自我介绍（叙述者），再表达自己的身体症状（国王），然后分别召见doctor, prime minister, banker, singer；有的小组由扮演doctor的学生代替。学生们上下场组织有序，衔接顺畅。

在课本剧表演中，每个小组表现都很出色，他们表情自然、语言流畅、神态自如、动作娴熟。看来大家都在课下做了精心准备，连平日很少主动发言的几位同学，也表演得非常投入。一些男生平时好动不踏实，少言寡语，较被动，但被组长委以重任后就变得非常活跃，语言流畅、表现突出。学生出色的表现使得文本中的每一句话都深入学生脑海，大家在欣赏与表演中不断充实文本、理解文本、升华文本。他们合理的分工与精彩的表演，让我看到了15位组长优秀的组织能力与每一个小组的集体智慧，感受到每一个孩子无限的潜能。

一节课在学生生动有趣的表演中结束了，但有几个小组还没有机会展示，特别遗憾，我决定下节课顺延这个活动。学生们带给我的惊喜让我对今后的教育方法充满无尽的憧憬与遐想，更让我坚定了创新教育的脚步。一位英语教师的使命，不仅仅是指导学生学习掌握一门语言，更承担着传播文化，提升学生人文素养、道德修养等教育任务。英语教育不是一味地强调分数，而是要不断为学生的成长助力。我要感谢孩子们，是他们让我重新认识了自己，认识了教育。

在第二天的表演中，另外的几组同学更加投入，语言也更加丰富。他们出色的表现又一次激发了我的灵感。我所设计的第二课时听力教学内容，恰恰是本节课的延伸。表演结束后我先对学生精彩的表现给予表扬，接着顺势要求他们即兴说说替国王寻找快乐的人的结果。我对*The shirt of a happy man*的创新，又一次让课堂上的学习活动高潮迭起。学生们的想象力突然间暴发，回答得十分精彩。听力课水到渠成，每个孩子的听力任务完成得都非常好，他们不但听明白了文本内容，而且从听力文本中悟到了"开心"的真正含义。接下来，我又要求学生即兴表演课本剧，他们又一次再现、丰富了文本。这次的表演再度打开了学生思维的格局，学生的学习能力大大提升。

尽管我没有按常规方法去让他们阅读故事、讲解故事、叙述故事，但他们比以往学得更好、更快乐。在真实的教育教学中，教师们总会被教学任务与成绩牵住手脚，课堂上生怕这没讲、那没强调，对基础知识的过度重视，使教师淡化了对学生能力的提升与思维品质的培养，忽略了对学生的学习兴趣与自主学习能力的培养。其实，适当放手，让学生自主阅读、品味、表演、感受文章的意义，揣摩人物的语言特点，再现文本，会使他们有更强的自学欲望。

课后看到学生时，我几乎找不到前几天他们备考前疲惫、愁苦的表情。我反思以往的做法，几乎很少考虑学生想些什么、需要些什么，学生变得很被动。而让全班同学参与学习与表演，既是一种学习，又是一种享受，更是一种突破，学习效果也远远好于单纯的文本学习。我随机做了个小"访谈"，孩子们开心地聚拢在我身边，仰起笑脸高兴地告诉我他们的想法，我用心记录了这一温馨的时刻。

老师：同学们，你们喜欢这样上课吗？

Jenny：非常喜欢。我的组长在课堂上带领我们自学，我想让他给我安排一个角色，就一直催促他。他说让我们读懂课文后，自己选角色。我就选了Doctor。回家后我在镜子前练了一番，今天利用课间排练了一下就上台了。

Mary：特别喜欢。我们组长安排好角色，然后我们一下课就练习，已经排练了好几遍，大家都演得特别棒！

Tony：老师，我们是即兴安排，即兴表演，你没发现我还有很多优点呢！我有导演天分，不是吗？老师！

Betty：这样学习太棒了，我爸爸还为我在网上搜索了英文课本剧，我模仿人家的语言和动作，特别搞笑！

听着孩子们诚恳的话语，我很受启发。随着年级升高，他们在部分老师墨守成规、简单重复的要求下，渐渐失去了创新思维和学习兴趣。教育工作者若不知道孩子们的需要、孩子们喜欢的学习方式，不去研究有效的教与学，也会在日复一日的重复中失去教育智慧与创新精神。教师的教学思维决定了教育教学的方向，教师的教育理念与行动决定了孩子们成长与发展的速度。作为孩子们生命中最重要的人之一，我们一定不能在教育的领域里停步，因为教室里的每一个孩子都是潜力无限的。

第一次论坛

学校进行高效课堂教学改革，在推行"和谐互助"高效课堂模式的过程中组织了许多活动，比如到优秀学校参观学习，请专家莅临学校指导课堂研讨，校内课堂教学大比武、同课异构，等等。近年来学校又决定让部分教师主持一次高效课堂论坛活动，要求承担者要把自己近两年在课改中的具体做法与收获、需要解决的疑惑与研究方向等逐一梳理，在全校教师面前交流，让大家能从不同的侧面去了解、思考课堂教学改革中涌现的优势与存在的不足，以达到互相学习、促进的目的。

我作为一名英语教师，被选为其中的一员。如果这只是一堂公开课、一次教学研讨活动，那么作为一名教学经验丰富的老师，我定会自信满满。但这次面对的是全校130多名教师，大家都是水平相当的同事，有的甚至比我更优秀，交流探讨课堂教学改革问题，对我来说是一次极大的挑战。当校长将此任务交给我时，我感到压力很大，甚至有点儿忐忑不安。我该怎么办呢？几天来我的脑子里老盘算着这件事，课余时间在琢磨，吃饭时间也在琢磨，晚上则辗转反侧，难以入眠。

要做什么样的高效课堂论坛？是要表达自己的思想与观点吗？它要有高度，有科学性，有实效性，有引领性，有启发性，有创新性，更要有个性。上网查阅些资料来表述显然不合适，写写自己在课改中的经历与想法，又显得冗长而无味。我决定先梳理这两年多来自己在课改中的成果。我边思考边动手整理这两年积累的资料——有开始学习、研究新的课堂模式时的笔记，有研究课堂教学环节的记录，有调整学生座位的思路梳理，有同桌一师一友的培训内容，有每一次高效课堂研讨会和每一届课堂教学大比武的内容安排、视频资料和总结，有每一次公开课的课件、教案、视频资料和教学反思，还有外出学习、培训的记录与听课反思。最后，我还找到了学生的感言。

我顿时豁然开朗，原来自己做过的事情还真多，我的第一份惊喜就是发现了自己的许多优点。自课改以来，我没停下脚步，而是在行动、在尝试。诸多的收获告诉我，我的行动力不就是这次论坛的火花吗？我也发现了自己的缺点，不善于整合与总结。拿这么多零散的资料去完成这次论坛吗？优点与缺点的发现让我开始变得亢奋。我要弥补自己不善整理资料、不善整合思路、不善分享的遗憾，几天来我第一次有了与大家交流的冲动。

我从一次次的实际行动中，找到了许多经历过且值得和大家分享的内容。如在课堂模式刚推行时，我了解到许多来自教师的困惑与声音。在发表的一篇文章《如何引导教师应对新的教学模式》中，我阐述了教师走出困惑与墨守成规的经验型教学。我还在尝试新模式时，在搭配"师傅、学友"的过程中，感受到来自学生心灵的声音。我在两篇随笔《那个单座的男孩》和《不能缺失的关注》中，谈到了单座男孩在课堂教学改革中的孤单与向往，谈到了那对不愿互相关注的师友在课改中明显的变化。我从自己和学生身上感受到这场真正的课堂教学改革所带来的喜人变化，这些触及心灵的真实感受都可以与老师们交流，尤其在担任了三届"和谐互助"高效课堂大比武的评委工作后，我的感触特别深。在课堂上，教师点拨引领，学生互助学习，灵动的课堂让我们看到了教育的本真，看到了学生的天性与自信。目睹这一幕幕感人的场面，我曾写过一篇充满真情实感的总结，细细梳理过教师与学生的喜人变化，教师在课改中取得的成果，并深情赞扬了教师大胆尝试与创新的精神。我也看到了其中的一些不足，比武结束后完成并发表了一篇名为《对英语课堂活动预设的思考》的文章，这些都从未和老师们分享过。在整理资料的过程中，我一直在内心默默感谢这次论坛，它让我学会了梳理自己的思路，学会了交流与互助。我要与老师们分享课改中的成果，探讨困惑，共同前行。

我的第二个惊喜来自学生。我找出了自己保存的好几节录像课，有参加比赛的，有评优的，也有平时组内公开课的。我认真看了看，发现其中有三节课是同一个班一年多来不同阶段的三节课。仔细观看、对比这三节课，我感慨万分，孩子们的巨大变化才是送给我的最精美的礼物。经过精心选择，我截取了三节课的两个相同环节的内容：预习检查单词和创新对话交流。第一节课是七年级新生开学八周后录制的。那时学生对单词的读写、识记基本没问题了，口语交流也较流畅，学习兴趣高涨。但仔细看孩子们的坐姿、站姿并不端正，举手回答问题时也不大方，课堂上倾听度不佳，发言时声音小、不自信，师友两人交流展示时语言表现力弱。当看到学期末录制的第二节课时，就让人很振奋。师友间明确了职责，互相帮助已经成为共识，许多学生进步很快。学生能大方地站在黑板前从容地互查单词的读音、拼写。学生站立的姿势，表达的语调、声音，都有了喜人的变化。上台表演的学生自信大方，敢于表现；讲台下孩子们脸上表情开心，眼神专注。这一切都说明学生的专注度发生了变化。第三节课是第二学期录的一节课。在检查单词的预习环节，学生能快速进入互查状态。抽查时学友拼读准确，"师傅"评价自然大方；学生板书漂亮，拼写正确。上讲台展示的学生表情自然，语言流畅，语音、语调准确；倾听的学生非常专注。这些变化让我感到震惊。我发现，在课改中，教师只要用心去研究，大胆尝试，学生就会创造奇迹。他们也会激发教师们的灵感与创新，启示教师从学生的角度去思考问题，在尝试的过程中不断调整教学状态，调整学生的学习状态。这三节课堂实录让我陷入了久久的激动与沉思中。我要把它带到教室分享给我的学生，激励他们积极参与互助课堂，把互助的精神继续下去。我要和老师们分享视频中孩子们的进步，为大家带来课改的动力，让大家不断探索、研究我们的课堂与学生，去解决问题，突破自我。

我开始学习截屏、剪辑、插入视频、关联文章，内心洋溢着快乐。视频剪辑、分析资料、整合资源……直到活动开展的那一天，我才做好了PPT，当然我也成功地完成了我的第一次论坛。后来，我听到老师们的许多感慨："施老师在课堂教学改革中确实做了不少研究与尝试，她善于反思、积累与整合。""看到她的学生，我在想我的课堂；看到她的反思与论文，我在总结我的收获与不足。""难怪她的学生课堂上很活跃，成绩也不错，她在课改中也追求完美……"其实，这何尝不是论坛的作用。为了完成这一次论坛任务，在准备的过程中，我收获颇多。它挖掘了我教育教学的潜力，让我学会了思考、整理、归纳、提升自己的教育教学理念；它启迪了我对教育的新认识，让我学会了分享、交流，关注学生的成长；它调动了我写作的欲望，让我学会了表达自己的思想。

第一次论坛，让我认真对待未来的每一个第一次。

第三章 美丽心情

教学生唱英文歌

今年的新生比往届更为特殊，进城务工人员子女增多，班上大部分农村孩子来自不同的学校，英语口语普遍较弱。这些学生上课怕张嘴，不敢表达，成为英语老师最头疼的一件事。为了拓宽学习渠道，为学生创造更多展示机会和更好的学习方法，去感知、练习地道的语言，除了在课堂上借助多媒体与活动进行听说训练外，我尽量尝试在课外拓展学生语言训练机会。让学生学唱英文歌曲便是我选择的集体活动之一。

集体学唱英文歌曲可以创设一种轻松的情境，让全体学生的嘴巴都动起来，增强学生学习英语的自信心。语言有了音乐的衬托就不是机械地背诵，而是一种享受。唱会一首歌需要重复很多遍。在重复中，歌词里的单词、语法、句型就能慢慢领悟。唱歌对学生的语感、情绪、表现力都有很大影响。为了让七年级的孩子慢慢喜欢唱英语歌曲，通过唱歌助力英语学习，我坚持每两周教他们唱一首英文歌曲。新学期的第一首歌曲我选择了大家熟悉的*Happy Song*，这首歌律动感强，歌词简单，容易掌握。学生听到熟悉的旋律，能够很流畅地用汉语唱下来；但用英文唱时，这首简单的歌在孩子们嘴里却变得十分绕口。我发现有些学生发音不准，音节、重音、连读不到位，因此很难跟上旋律。于是，我马上调整方式，先带领学生学习歌词中的生词，等他们熟悉生词的读音与词义，逐句读熟并理解了歌词，再进入学唱阶段。学唱方式主要是模仿多媒体播放的音频与视频。通过数遍的播放，孩子们基本能伴随原声唱歌了。他们边唱边开心地做着相应的动作，兴趣盎然。但当我要求他们独唱时，他们却个个羞涩，不敢表现。他们的不自信告诉我，简单的模仿不足以达到学唱英语歌曲的目的。

为了解决孩子们记不住歌词、发音不准、不敢表现的问题，我选的第二首歌是*You are My Sunshine*。这首歌歌词简单，韵律缓慢，可以放大发音细节。经仔细研究，我还发现歌词中有不少系动词和形容词。于是我便从歌词入手，留给学生两个任务：一是听歌词填空，二是读歌词理解句意。我去掉了歌词中的一部分单词，也就是把大家熟悉的词去掉，让孩子们听歌词填空。我下发任务后，先跟学生共同解决了新单词sunshine，sky，gray，dreamed，mistaken，hung，lay sleeping，并解读了歌名的意思，然后布置他们完成任务。当我开始读歌词时，全班学生马上认真聆听，动笔填空。完成第一个任务之后，学生们便叽叽喳喳地讨论起来，有的在相互交流单词的意思，有的在交流句子的意思，有的在查单词的读音，还有的在自主解决问题。有了任务驱动，学生全身心投入，想办法解决问题。在唱歌前他们已经完全解决了单词的读音、理解、熟悉了歌词内容，我只做了些必要的补充。

　　该唱歌了，简单的模仿不能完全激发他们的积极性，怎么能让学生在有限的时间内快速唱会这首歌呢？我抛出任务，要求这节课每个学生都要登台唱歌。我限定他们在模仿原声唱三遍后，看看谁能第一个登台表演，当然上台唱歌的人数不限，可以独唱、两人合唱、小组合唱。学生听到要求后，都惊讶地张大了嘴巴，那是一种欣喜而又有点儿担心的表情。从我播放的第一遍起，他们个个精神抖擞，学得特别认真，等三遍结束时，确实有人举手了，但大部分学生请求再学一遍。我窃喜，以前教学生唱歌，一遍一遍地让他们边听边唱，下课了部分学生连歌的内容都搞不清楚。而今天他们要求再唱一遍，可不就是给自己争取机会吗？这种现象从来都没有过啊！于是我又乘机提高了要求，提议会唱的学生可以自由组合上台，但每个人都不能羞涩，得大大方方地在讲台上演唱。为了鼓励他们，我主动参与到第一组和第二组的合唱中。第一拨上台的是6个小男孩，一张张可爱的笑脸特别自信。他们的记忆力特别好，唱得也很卖力。在一阵热烈的掌声中他们开心地回到了座位上，我顺势表扬了他们，并指出了应该注意的地方。又有人举手了，真棒！孩子们争先恐后地上台唱歌，我从来没有看过他们如此积极，对英语歌曲如此感兴趣！没上台的孩子一直没有闲着，当别人演唱时他们拿着歌词在使劲练习。我突然觉得每个孩子都值得认真去引导，他们都很可爱、很优秀。只是我们做教师的没有找到更好的办法去激发他们的激情与动力而已。第一轮展示完毕，我提出建议让他们去挑战，看谁能记住歌词并有感情地到台上唱歌。孩子们十分热情，纷纷举手想第二次上台演唱。看到他们又争先恐后地上台表演时，我的内心洋溢着成功的喜悦。原来教学可以这样轻松有趣！这一次每个小组成员又发生了变化，不再是男生合唱或女生合唱，他们随意跑上讲台组合。孩子们兴致高昂、自信大方，等下课铃响起时全班的孩子都能开口大声唱英文歌曲了。我十分感慨，教学中的许多问题是可以解决的，就看我们有没有创新精神，有没有去设置合理的任务驱动，使孩子们有效地学习。

接下来的几周，随着我和孩子们唱歌技能的提升与经验的积累，我们学歌的内容更加丰富了。当*You Raise Me Up*优美的旋律与感人的歌词吸引我时，我上网搜到了一个由两个孩子演唱的版本，顿时被他们的气场与优美的歌声所吸引，两个孩子出色的表现力、动听的歌声，感人至深。我在用此视频教学生学唱这首歌时，不仅仅是为了指导学生学歌，更多的是传递歌手的素养，传递歌曲的力量。欣赏演唱者的神态、动作、纯正的发音技巧、优美的歌声，可以提升学生的欣赏能力，使学生感受美、向往美。在学唱这首歌曲的过程中，我拓展了歌曲背景介绍、小歌手介绍、欣赏歌曲等内容，学生唱歌的动机有了极大的变化。他们一拿到歌词，就能很快想办法读准歌词、理解大意；一打开视频，就能积极跟着哼唱；一到表现时刻，就能纷纷上台演唱。从孩子们欣赏的眼神与学唱的表情可以看出，他们越来越自信了。英文歌曲不仅训练了孩子们的语感，提高了孩子们的理解力、感悟力与欣赏能力，更让他们学会了用歌曲传递爱、传递美。

借用这首歌曲的歌词，我一遍又一遍地鼓励孩子们超越自我，让他们将表现力发挥到极致。孩子们落落大方地上台演唱，那清亮的歌声渗入我的心灵，那一张张可爱的笑脸映入我的脑海。我真的有点儿陶醉了！这令我更加坚信了我的选择。如此便捷的多媒体让我们有更多的渠道与方式去拓展农村孩子学习英语的方式——英语歌曲的学习，就是一种很好的方式。

随着孩子们词汇量的增加、语音语感的娴熟，一首歌用不了几分钟大家就能哼唱。唱歌成为孩子们的一种享受，也是紧张的学习之余放松的一种方式。后来，每节英语课前，孩子们都要唱首歌。也不知从哪周起，选歌曲的权利也悄然置换。似乎是商量好了似的，孩子们在课前就准备好他们自己最喜欢的歌曲。许多英文歌曲他们在课余就学得差不多了，我倒变成了那个时常追问的初学者，想知道他们准备唱什么歌。看到孩子们比我唱得还好，我心里特别开心。

回忆教孩子学唱英语歌曲的经历，我特别感慨。他们越来越自信、越来越出色的表现，鼓励着我继续尝试英语教学的新路子。探索英语教学之法，我一直在路上。

第三章 美丽心情

教师要和孩子一起成长

看到桌上新到的《人民教育》，我快速浏览了一下本期要点，一个非常熟悉的名字跃入我的眼帘——朱永新。于是泡一杯茶，把椅子拉到太阳能晒到的地方，坐下来打开杂志，阅读朱永新的《父母要和孩子一起成长》。

初次见到朱永新是在苏州的一次基础教育改革与发展论坛上，他做了"关于习惯养成就是核心素养形成的路径"的报告，让我深受启发。他对幸福、完整的教育生活的阐述与理解，改变着我的教育理念，影响着我的教育方式。今天读到朱教授的这篇文章，我感到异常亲切。他流畅的文笔与富有哲理的语言，如同这冬日的阳光透过玻璃温暖地洒在我身上，让我的内心也非常温暖。

文中谈到家庭教育不是简单地教育孩子，还应该包括父母的自我教育。没有父母的成长，永远不可能有孩子的成长。其实，学校教育何尝不是呢？没有教师的成长，哪有学生的成长？

很多时候，有些教师批评孩子，他们的语言与方式很少顾及孩子的自尊与感受。因此在孩子们幼小的心里或多或少会留下委屈与阴影。一些孩子会出现对立情绪，甚至做出一些过激的事情。其实认真想想，学生的问题往往折射出教师的教育问题。教师是学生成长的楷模，教师处理问题时独断的思维格局、随意的批评、斥责式的教育方式，会影响学生的思维发展、习惯养成，也会影响学生个性与价值观的形成。学生的确是优秀的观察者，他们会不断观察教师的行为，模仿教师的做法，因此教师要不断前行，和学生一起成长。

教师和学生怎样一起成长呢？

一、要学会正确看待每一个学生

每一个孩子都是上天赐予家庭的礼物，但他们有区别。教师要认识孩子们之间的差异，了解每个孩子的个性与特征，这样才能因材施教，为孩子们营造和谐的氛围，让孩子们幸福快乐成长。教师眼里没有成见，没有歧视，学生眼里的世界就是纯洁的、人人平等的，他们也会正确对待每一个同学。

二、要学会向学生学习

学生的心灵是纯洁的，没有任何功利性，因此教师也要带着谦虚的心，向学生学习。教师的想法往往成人化、复杂化，而学生往往会让事情简单化。当学生犯错时，教师一定要从学生的角度出发，理解他们的想法，耐心了解事实真相，客观解决问题。如果遇到学生有过激的行为与反常的举动，教师更应该多从自身反省，冷静处理问题。

三、和学生一起实现目标与理想

理想与目标是成长之魂，教师与学生的目标应该是协调一致的。教师对班级、对学生的发展目标与追求，会点燃学生的理想与激情，引起学生的回应。一个班级的凝聚力往往就在共同实现目标的过程中得以升华。一个愿意和学生一起建设魅力班级、构建魅力学科的教师，一定能带领一拨积极向上、心态阳光的学生，去追逐梦想，实现目标。

四、和学生一起阅读成长

朱教授说一个人的精神发育史就是他的阅读史，阅读可以提升我们的气质和品位。因此教师要引领学生多读书，读有意义的书。班级的图书角会见证教师和学生的成长。人人共读一本书活动、好书分享活动，会让师生在共同的话题交流中心灵相通，分享快乐，共同进步。

五、和学生一起养成良好习惯

拥有良好的作息、生活和学习习惯会让学生生活得更健康。教师做事严谨，学生不拖拉；教师阳光开朗、爱好广泛，学生不拘谨、不刻板；教师积极上进，学生一定不甘平庸。当我们和学生一起成长时，我们的心态会更加年轻。

教师要和学生一起成长，一起享受长大的惊喜！

第四章

心香一瓣

反思，使人成长。

　　教育教学的感悟、心得，不断地调整着一个教育人的心，使它成为滋养学生心灵的重要力量。

走近玉桥人

——本真的教学教研活动

来到玉桥中学，我的内心受到了深深的触动。一进校门，我们都有一种温暖如家的感觉。每张青春活泼的笑脸，每一声亲切的"老师好"，都让我们欣喜。进入会议室，校长与主任们亲切的问候，把我们的陌生感都赶走了。玉桥人的热情、快乐、友好以及每一个人脸上洋溢着的幸福感，深深感动着我。与玉桥中学师生相处的三天，我感受很深。

感受一：敬业的玉桥人

第一天听课，我带着新奇，用心聆听、思考、观察。每位教师都做了充分准备，整个教学过程系统性强、流程清晰，师生、生生活动设计合理。感受到他们认真细致的工作，灵动高效的课堂教学，我的敬佩之情油然而生。三位老师上的是同一节课，课堂整体设计差不多，但都富有个性。我认真关注了一下听力环节，尽管他们为学生安排的听力次数、提出的要求不一样，但都符合学生的接受能力。听力练习之前，老师们都会让学生明白自己的任务。比如一位老师以填空的形式让学生初步感知听力内容，再完成课本内容，然后师生核对信息；有一位老师从问题入手，指导学生听力后回答问题，再完成课本内容，然后教师帮助核对信息。如果学生听的效果不理想，教师会让学生再听一遍。不管选用哪种手段，听力环节的每一步都经过深思熟虑。他们给予学生的听力任务明确，每听一遍，学生都会有更深层次的理解。如在听力判断正误时，有同学回答"错误"，老师们会追问哪儿错了。这种做法既检测了学生听力水平，又给予那些拿不准的学生准确的方向，使学生在听录音时更加仔细、专注。每听完一节课，我都有同样的感受。玉桥的老师们在整个教学过程的各个环节，特别是每一个细节上都花了心思，哪怕是小小的反馈环节也讲求方式方法。敬业的玉桥人充分利用课堂的每一分钟，想方设法关注到教学的每一个细节，认真做好每一件事。

感受二：善于研究的玉桥人

参加了三次英语学科集体备课活动，玉桥人留给我的深刻印象是问题意识强烈，解决问题的能力强。老师们集体备课的第一个环节，是从上周教学中存在的问题说起，大家谈感受，谈教学中的困惑及解决办法，但更多的是谈学生。他们对学生课堂上的学习效果及存在的问题会进行细致的沟通，互相商讨解决办法，尤其对一些共性的问题，比如易错的地方或焦点问题，会共同商讨补救办法。

组长：看来上周学生对动词第三人称单数形式还没学透，我们以第三人称单数句型转换、翻译的形式出练习题来强化一下好吗？

老师：好的，我们这次以小作文的形式练习吧。

干脆利落的总结与欣然接受任务的态度，使我心里一动。原来听课时我们看到的学生手里拿着的活页练习题，也是老师们集体智慧的结晶。每一个练习都经过精心设计，每一份习题都经过认真批阅。他们在备课活动中，就把许许多多的问题解决了。难怪玉桥人的工作效率如此高！他们对学生多次出现的问题，没有用大量的资料夯实，没有以过多的作业去弥补，而是经过分析、商讨，巧妙设计典型练习。在课前进行梳理，既减轻了学生的负担，又有的放矢地强化了学生的薄弱点。当组长一提到练习题，就有老师踊跃地说："我来！"多么敬业、踏实、谦逊、团结的研究型群体！

感受三：投入的玉桥人

用心参加每一次的集体备课，就会体会到大家的入心入脑。他们专注、投入的劲头，感染着我们每一个参加备课活动的人。老师们都带来自己准备好的周前教案，仔细聆听主备人说课。大家认真翻阅着、思考着、记录着。我们也悄然融入这个集体中，蠢蠢欲动，想说说心里话。每位主备人的教学计划都经过精心设计，每个活动都经过精心筛选。为了全体学生，教学环节既考虑了层次性，又考虑了教材难易度，更考虑了学生的接受能力。每说完

第四章　心香一瓣

一节课,大家都对本节课有更深的认识、理解、思考。大家补充时,提到还没有涉及的内容,课堂上该提示的、该细讲的、该当堂练习的,甚至不合适的,在轻松愉快的谈论中完善了本节课的设计。他们还谈到了学生可能要提出的问题,怎么解决更好,哪些是中考考点,哪些需要全体同学熟练掌握。大家毫无保留地谈自己的思路与经验。这种经过独立思考、组长引领、大家完善、自己整合改进的教学流程,使每一位教师都能得到提升。这种集体备课的环境、氛围,是老师们互相借鉴、互相学习的机会,也是教师成长的摇篮。当我们问及这项活动的效果时,有老师这样评价集体备课活动:"都是在为自己做。用大家的脑充实自己的脑,多好!"这种集中点拨、指导、帮助的备课活动,可以聚众之长,补己之短,少走弯路,人人成长。

面对大班额教学时,老师们疲于上课、批阅作业,缺乏研究与交流,课堂教学考虑不周全,照顾不到各个层面的学生。教学之前有这么一次交流太有必要了。

感受四:在改革中求创新的玉桥人

在玉桥中学学习了三天,有幸聆听了张校长的报告,给了我许多的思考。眼前的玉桥是优秀的、发展的,但作为一所新学校,其发展离不开领导大胆的改革与创新,也离不开每一位教师的辛勤耕耘。就拿他们的集体备课来讲,最初的模式是备课组长说课,重难点分头备,大家发现教案随意性大,于是经过商讨,决定让说课老师说每一课的重难点、教法、教学过程及理由。后来又召开座谈会,找有经验的教师发言,老师们觉得仍有局限性,没有新意。于是再次召开座谈会,商议由主备人说课,教师们自己整合。集体备课模式经历了许多次的尝试、改动、调整,形成了一种资源共享的、"我的课堂我做主"的创新备课模式。玉桥的老师们在一次次的尝试、调整中求进步,他们百折不挠的精神为我们做出了榜样。我们也曾经模仿过洋思中学的"先学后教,当堂训练"的课堂教学模式。许多老师不是照搬人家的做法,就是感叹我们的学生不够优秀,却很少有人去探索、去创新、去实践,找出适合大班额的方法来。我们也曾经请来名师交流,走进名校学习,但我们受到的启发没有付诸行动,这种只说不做的现象让我们的工作停滞不前。可来到玉桥,不虚此行,他们本真的教学教研活动带给我们思考与力量。我们将开启新的征程,不断尝试、反思、创新、总结,不断进步、收获。

做有爱的教育

——李镇西讲座有感

　　"我要在平凡的岗位上做最好的自己！""我要做个学生信任、喜欢的班主任！""我要从现在起学会爱孩子，学会宽容。"聆听完老师们真诚的感受，行走在报告会后的路途中，我的内心也升腾起美好的愿望：我要做有爱的教育！

　　教育家李镇西关于班主任的讲座把我带回到五年前。担任多年班主任的我，不用带班的那一天，曾写过这样一段话："不当班主任了，从没有过的惬意从心间流出，响声悦耳。卸去了操心的重担，轻松自如！"可我没有料到，失落却在以后的日子里压过当初那份窃喜，让我的教育生涯没有了方向感。十几年来，我曾带学生看过生病住院的孩子，和任课老师家访过留守孩子，帮助过单亲家庭的孩子，和家长一起疏导过思想上有疙瘩的孩子，动员过辍学的孩子，曾和青春期的孩子聊天并保守他们的秘密，也一度坚持早上打电话叫醒因父母生病住院一个人在家的孩子……我的脑海里充盈着孩子们的欢笑、烦恼、无奈、兴奋，也会绞尽脑汁地想各种办法解决他们的困惑。突然间不带班的我，不由自主地牵挂那个中午自己做饭吃的小男孩，那个迷恋网吧的机灵鬼，还有那个不合群的小姑娘……脑海里塞满了琐碎的事情，哪个都放不下似的。那些平时不值一提的事，近来却成了我记忆中最美好的东西。

　　李镇西的讲座让我理解了这种难舍的班主任情结。班主任的苦乐让我的生活五彩斑斓。虽然忙碌了那么多年，但也充实了那么多年，享受了那么多年。非常庆幸，能有机会感受教育家的班主任情结，聆听他和孩子们的动人故事。

记得那次越野赛，我因身体原因，随便安排几个学生参加比赛，打消了学生的积极性，班干部们自己悄然选拔了队员；还记得那次学生吵架，我处理后，其中一位孩子哭着说"我要的不是这样的结果"；更记得那次家长会后，有位家长跟我交流，"我儿子说他觉得英语老师可能不喜欢他"。许许多多深刻的记忆，在聆听专家报告时不时地触痛我的心灵。那些抹不去的遗憾告诉我，教育的路很漫长，不带班了，不代表没有责任了。我要找回工作的激情，去跟孩子们建立一种和谐、友好、充满爱的关系，用一颗爱孩子的心去享受教育工作的幸福，这是我教育人生的又一个新起点。

近几年我边带课边参与教导处管理工作，与学生接触的机会少了，虽然尽职尽责，但仍然觉得顾了这边，疏忽了那边，工作没有前瞻性与创新性。李镇西的经历让我重新有了战斗力，有了新想法。只要心中有爱，机会可以创造；只要心中有爱，机会就不会浪费。当我看到孩子们有问题时，会找机会跟他们交流，而不是觉得那是班主任才做的事。李镇西教育教学的关键词是"爱心"。如果我们用一颗爱孩子的心去做教育，就不会把自己的意愿强加给学生，就会更自觉地关心学生的感受。只要全面了解学生的能力、正确评价学生的能力、提升学生的学习能力、指导学生与人交往的能力，我们的教育就会更有力量！

苏州印象

——兰州市名师名班主任苏州研修心得

"上有天堂，下有苏杭，城里有园林，城外有水乡！"一遍遍听着朱虹吴侬软语的《苏州好风光》，一边感受苏州市歌中的四季之美，一边漫步在柔美的小桥流水旁，江南水乡的甜美渗入内心。在苏州培训学习的几天，来自西北兰州的我们总会利用晚饭后的闲暇时光，抽空走走苏州的青石板路，品品苏州的人文景观。但最令人难忘的还是走访苏州的学校——苏州一中、草桥中学、苏州十中、苏州中学，让我真正感受到苏州文化之美、人文之美。

培训的主会场设在苏州一中。第一次踏进这所花园式的学校，不由得为之惊叹。校园里的建筑错落有致，柔和而雅致；校园里的一草一木、一石一楼，每一布局与设计，都透露出浓浓的文化气息。我们不由得放慢脚步，驻足于校园之中。苏州一中是一代师表叶圣陶的母校，它也传承了叶老先生"教育为人生"的思想。

苏州一中校长项春雷在分享关于"深耕圣陶教育思想，发展学生核心素养——在核心素养理念指导下的校本课程开发"的专题报告中，重点阐述了他是如何带领他的团队全面发展的。叶老的思想在一代代一中人身上散发光辉，彰显教育成果。项校长管理下的学校发展与个人成长诠释了这位教育赤子浓浓的教育情怀。

初识苏州十中是在《人民教育》上，读了杂志上的这所"最中国的学校"，我充满了向往与好奇。没想到会有机会在这所集名园名校名人于一身，汇名师名生名流于一体的学校待上一整天。感受着浓浓的文化气息，呼吸着富有诗意的空气，这感觉美妙极了！苏州十中校长柳袁照是江苏省语文特级教师、诗人、作家。诗意的校长打造了一所诗意的学校，培养了一批批富有诗意的孩子。他以精湛的教学技艺为大家解读了高考作文秘籍，讲座以岳阳楼侧面的一幅图片作为引子，带领大家感受范仲淹写的《岳阳楼记》，以及他由景、由物、由事得悟，说出"不以物喜，不以己悲""先天下之忧而忧，后天下之乐而乐"的千古名句。之后又和大家一起欣赏了王安石的《游褒禅山记》，王安石游褒禅山，古人看见山川、草木、鸟兽、虫鱼，往往有所得。为何？因为他们求思至深。柳校长认为，世界万物，都可以作为表达思想、情感的载体。与会的老师们还欣赏、品读了柳校长在工作时、散步时、乘车时、休息时所写的满含教育情怀的诗歌作品。这位"诗性教育"的倡导者与践行者，以其深厚的语文素养与独特的教育理念给大家留下了深刻印象。

还未踏进苏州中学半步，苏州中学的印象已经渗透每个教师脑海里——在苏州一中培训时就认识了苏州中学的教师黄厚江和他的徒弟王开东。两位优秀的语文教师利用课余时间为我们做了精彩的演讲。黄厚江老师没有用任何PPT，但他幽默、睿智的话语吸引了所有听课老师的注意力。他从学科研究入手，以语文为例，阐明了学科研究是为了提高学科效用。学科研究要以课堂为重点，从课堂出发，以课堂为归宿；要关注研究成果能否改善课堂，成果是否为学生服务。课堂是教师真正感受幸福、享受幸福的地方，教师要想立足课堂，走内涵式发展才是正道。黄老师还从学科研究的三个范畴、三个研究重点以及学科研究路径，为我们梳理了思想，分享了他从实践到理论的学科研究体系，为一线教师打开了学科研究的新局面。王开东老师以个人发展为主线做了"只问攀登不问高"的精彩报告，阐述了他为什么要做一个好教师，如何做一个好教师，尤其是他自我奋斗的三个境界，让我们真正感受到一位优秀教师具备尊重、信任、慈悲的品格很重要。他的报告破译了教师的成长密码，让我们内心升腾起一个强烈的愿望——做一名内心强大的教师，不断攀登高峰；做一名内心幸福的教师，追求孩子们的幸福。

两位极富个人魅力的特级教师都来自苏州中学，我们自然不会错过走访那里的机会。培训结束的半天时间里，老师们一致要求去参观苏州中学。谦逊好客的苏州中学校长带领我们参观了这所百年老校，郁郁葱葱的树林，诉说着深厚的历史底蕴。校园中有池，池中有山，山上有亭，古柏长青，让人流连忘返。当他把我们带进物理实验室与校史馆时，负责物理实验室与校史馆的两位严谨的老人，专业、耐心地为一百多人的庞大队伍讲解着他们熟悉的一切，吸引了许多老师的眼球。这两位老教师退休后就自愿留在学校，做着自己热爱的事。他们的身上，书写着苏州中学教师严谨、科学的治学态度。

尽管一周的学习非常紧张，没有时间外出去看看苏州园林，但苏州的学校却是更加纯粹的园林，更加值得欣赏。

对于许多人来讲，苏州园林是苏州印象，而在我们一行人的眼里、心里，苏州的学校、苏州的教育才是苏州印象。漫步在美丽干净的校园里，多想再走几遍；陶醉在每一位智者的思想里，多想再听几遍。这些园林般的学校，风景优美，文化底蕴深厚。这些富有思想的教育家，心怀天下、个性鲜明、出类拔萃，他们伟大的教育情怀与专业研究精神，让人羡慕，让人向往，无不激励着每一位兰州教育人为我们蒸蒸日上的兰州教育而努力。

我们将不辜负自己的情怀，不辜负兰州教育的期待。

用真心做真教育

——兰州市金城名师绍兴高研班培训心得

"教育艺术的精髓和核心不在传授，而在点燃、鼓舞和唤醒。"此次绍兴高研班的学习，对我来讲，的确是这样的一次历程。秋瑾、蔡元培、鲁迅等绍兴名人的家国情怀，邱学华、桑新民、任学宝、虞大明等江浙教育界名人的治学精神，以及身边一百多位来自兰州的名师和骨干教师的好学品质，无不让我感动，让我反思，点燃我传道、授业、解惑的职业荣誉感，赋予我作为一个人民教师的责任与担当，随时随地提醒我不忘初心、牢记使命，勇敢前进，与团队成员们一起努力、一起成长，用一颗真心去做真教育，为阔步向前的兰州教育增光添彩。

一、幸福研修，助力二次成长

预期的愿景是走进鲁迅的故乡，实地感受吴越文化魅力，聆听江浙教育名家讲座，参观绍兴名校，深入校园与课堂，品味不同的教育理念，打开我们的思维，开阔我们的视野，借鉴一些新思想与新经验，助推自己的教育教学工作。不承想，就在培训开始的第一天，张丰老师的"校本研修的实践嬗变"和吕华荣老师的"以小课题研究促进教师专业发展"两场专题讲座，就让此行的每一位老师内心掀起波澜、令人无法平静。在专题讲座会场，120多位兰州市优秀教师认真聆听、积极互动，会场内不时响起热烈的掌声与会心的笑声，以回应专家与学员。两位专家丰厚的学识、独到的见解令大家茅塞顿开，恰似禾苗逢春雨，让我们都想铆足了劲快速生长。

作为一名优秀教师，专业成长到一定阶段，感觉很难再提升，这就是所

谓的 "高原期"。如果不积极寻求创新和突破，就会陷入重复工作的境地，制约自己与学生成长和发展的脚步。在座的65位金城名师与57位市区骨干教师大都经历了磨炼、成长、成功、成名的历程，都认为自身的发展几乎到了顶峰时期，在专业上想进一步突破自己，不论是在理论水平、知识储备、身体力行方面，还是在具体的模式、方法等方面，似乎都遇到了瓶颈，比较被动与茫然。而两位专家精彩的讲座、鲜活的案例，很接地气，拨开了大家心头的迷雾，厘清了教师们认识上的误区，激励了教师们扬帆远航的信心。

听了张丰教授的讲座，我深刻认识到校本研修的重要性。浙江省针对学生作业量过大、课业负担过重的共性问题，对教师布置作业提出最基本的三点要求——精选、先做、全批。针对这个问题，张丰教授曾在大批的一线教师中开展调研。调研设计了如下问题：今天你做到了吗？你认为你能做到吗？你明天想做到吗？你能做到吗？通过这几个问题的调查研究，开展了旨在改进作业选择、布置、批阅等过程的教师研修活动。活动的设计让每个教师都实实在在地参与其中。有参与，才有感悟；有感悟，才有改进。而我们身边类似的问题何其多？我们同样会经常碰到学生做作业粗心、逃避、抄袭、应付差事等现象，也会经常碰到部分学生到了八年级开始厌学等反复出现、司空见惯、极具规律性的 "怪圈"。这些共性问题总被提起，但却习以为常，我们从没有深入思考和研究这些问题的成因和应对策略。只有我们真心关注学生的健康成长，平时能针对问题精心设计校本研修主题，跟老师们一起实实在在破解几个难题，学校才会真正成为学生成长的场所、教师成就自我的基地。

作为一名名师，如何突破自我，二次成长？如何带领一个团队去成功突围？吕华荣老师告诉我们，读书是教师二次成长的必经之路，我们不但要选择性读书，去拓展跨学科知识，还要在自己身边找问题，带着问题去读书，在阅读中寻求答案。教学反思是二次成长的关键，我们需要在反思中找准问题，在反思中提升自己，在反思中超越自己。小课题研讨是教师二次成长最有效的途径，对于身边习以为常的教育教学问题，我们不能碰到了就回避，要想办法解决。课题研究的价值就是寻求问题解决的途径，总结经验，记录感悟与心得，促进教师专业成长。论文与著作是教师专业生涯的一个个台阶，也是教师成长的见证。我们平时不善于记录工作中的精彩瞬间、感人

第四章　心香一瓣

故事、感悟心得，缺乏对自己教育教学思想的提炼，会留下许多遗憾。吕华荣老师真诚的交流与分享为我们指引和开拓了二次成长、自我发展的有效路径，让我们看清了眼前的成长之路，那就是，去读书，去反思，去研究，去写作，走好教科研这条教师赖以成熟、成才、成功的教育大道。

二、学者示范，启迪教育梦想

本次学习我们有幸遇到了网络课程专家桑新民、小学数学专家邱学华、教育学博士赵志毅等人，他们都是睿智、好学、谦逊、大气、幽默的长者。他们在专业领域孜孜不倦的追求精神和卓越成就，打动着在场的每一位同行，也鼓舞着每一位教育人去追寻自己的教育梦想。他们都已退休，但依然活跃在教育研究的路上，他们用年轻的心态与极具特色的人格魅力传递给我们能量与活力。

桑新民教授在讲座前利用微信平台发布了学习资料，讲座前一天又来到现场与学员们交流学习情况，其简短的互动再次激发了所有教师的学习热情。他用高超的教育教学技巧和高端的信息技术手段调动教师们自主学习、线上学习的积极性。他让我们用自己的实际行动体会和诠释了如何创建信息时代的高效学堂。桑教授对事先了解学员情况、抛出预习内容、反馈预习信息、开展互动交流等环节都做了充分的准备，他认真的态度影响着我们去做好每一件事。在报告现场他还让我们通过实践，亲身感受了5人探讨生成思想、25人交流提炼精髓、125人分享集合成果的太极学堂，让我们真正体验到了学习方式变革会改变课堂面貌、提升学生的学习力等教育理论的实践价值。他的一言一行影响和激励着我不断更新教育观念，充分利用新技术助推课堂教学，积极研究适合学生的最佳学习方式，让学生以最短的时间，通过最有效的学习方式获得最大收益。

同样，怀着一颗敬仰的心听完了邱学华老师的报告，我的内心又一次充满了力量与感动。60年的潜心研究，他实现了一个又一个教育梦。16岁的他凭着一股干劲和韧劲，肯学习、肯尝试，在农村小学任教时就开始探索"老师教得轻松，学生学得快乐，教学质量上乘"的教学方法，5年里积累了宝贵的经验，这就是最初的"尝试教育"。他在华东师范大学凭着勤奋好学、执着研究的精神出类拔萃。毕业后留校任教，为"尝试教育"的深入研究奠定了基础。为了潜心研究，他放弃了师范校长的职位，孜孜以求，不懈奋斗60年。他的专业素养、吃苦精神感动着120多名兰州教育工作者。那一句"学生能尝试，尝试能成功，成功能创新"，传递了多少邱老先生对孩子们的关爱、鼓励与信任；那一句"请不要告诉我，让我先试一试"传达了多少孩子愿意尝试的心声。他的讲座也开启了我的教育梦想——想成功就去努力、去尝试。有"活到老，学到老"的邱老做榜样，实现我的教育梦还怕来不及吗？

曾不止一次聆听过赵志毅教授生动的讲座，但每一次聆听都感动得几乎要落泪。不是乡音让我情不自禁，而是他对教育的情有独钟让我感动。他以幽默风趣的语言将一个个典型案例与身边的故事娓娓道来，引人入胜，话题轻松，意蕴深刻。他能让我深刻感受到：心中有爱的教育才是真教育，才是温暖的教育。一位教师的伟大之处就是学会做孩子们生命中的领路人。

三、名师引领，筹谋个性化发展

本次培训活动安排了两位年轻有为的浙江省特级教师做讲座，他们将名师的引领作用发挥得淋漓尽致。刘松老师和虞大明老师都曾获得过全国课堂教学一等奖，都在自己的专业领域取得了丰硕的成果。如此年轻，而又如此出色，堪称中国教育界的楷模。他们执着地做着同样的事，那就是智慧地研究着课堂教学的那些事，用心地思考着学生学习成长的那些事。虞大明老师从自己的亲身经历讲起，根据自己的感悟，总结出有作为教师一般具有的四个基本特征——懂孩子、知学科、修四心、善教育。他从语文教师的视角，总结出教师的七个修炼——修炼"语用"意识，修炼"问问题"的能力，修炼"秀"自己的意识和水平，修炼"文本突围"的能力，修炼"为儿童松绑"的能力，修炼"尊重儿童"的能力，修炼"童心、童趣、童味"。这些"修炼"无不凝聚着他成长中的智慧与努力。虞大明老师是一位用心做教育的人，他从各方面把自己打造成正能量的化身，让自己成为有效的教学资源。

其实，我们每一位教师都是特别的、有个性的、独一无二的，虽然我们对教育教学的理解与研究侧重各不相同，但我们可以在不同的领域秀出最美的自己。我们也可以修炼"为孩子减负"的能力，修炼"创新教材"的能力……如此坚持，我们怎能不熠熠生辉？名师成长的故事，名师修炼的精神，正在激励我们向真正的名师靠近，再靠近！

　　七天的专业学习与研修，七天的灵魂涤荡与洗礼，使我收获满满。的确，教育不是重复，是创新；名师不是资本，是责任。回顾与反省是为了更好地扬帆起航。学习永远在路上，教育也永远在路上，只有用一颗真心去做真教育，我们才不会辜负人民教师的真正使命。

开启智慧教育之路

——首届全国名师发展学校第一期培训心得

非常幸运地成为兰州市教育局首届全国名师发展学校的一员，在首都北京参加为期8天的集中培训。参加此次培训，就像经历了一次洗礼一样，培训后心情仍久久不能平静。要成为教育的强者、智者，什么时候行动都不迟。我相信，教育理想不仅是顿悟后的片刻冲动，而且是在教育之路上的智慧行走。

一、理论研修，提升教育素养

本次培训的地点在人民教育出版社，这是我们教材的开发地，也是教育专家云集的地方。在这里，我有幸聆听诸多专家、名师精彩的报告。他们从理论到实践、从案例到分析，娓娓道来，为我们的智慧教育打开了一扇窗。教育部基础教育二司副司长申继亮做了"全面深化基础教育课程改革，落实立德树人根本任务"的报告，阐明了"立德树人"是教育的根本任务，指明了今后教育改革发展的方向。聆听他的报告，我们深感自己肩负的责任重大，我们要从自身做起，调整思路与心态，使自己的教育回归到教育的原点。教育部基础教育一司司长王定华在"我国基础教育改革发展与品质提升"讲座中，系统地阐述了十八大关于教育方针、教育改革的内容以及深化教育领域综合改革的攻坚方向和重点举措，让我们从更高层面上了解了我国教育发展的方向及意义。教育部课程教材研究所研究员张廷凯老师的"课程建设与课程开发"，涉及课程建设的相关领域，让我们真正领悟了教材是有核心的、精挑细选的、有组织结构的、适合学生年龄特点并适应教师教学的课程资源。我们有责任按照自己的教育理念对学校的部分或全部课程进行不同程度或层次的开发，调整课程的内容，使国家课程校本化，把各种有价值的知识融入课堂。

作为一名英语教师，除了研究学科知识、课堂教学设计、学生学习状况、思想动态等与教学相关的事情外，我所涉猎的知识非常有限。而本次培训，专家亲临现场，从不同的角度及理论的高度，让我开阔了眼界，提高了思想境界。多元的研修，给予我太多教育的思考与启迪，让我有了教育目标与动力。

二、分科培训，改变教材观

本次的通识培训，分学科讲座及交流分享活动，安排得非常科学。其中，关于英语阅读教学的讲座与交流活动，使我受益匪浅。初中英语阅读教学是农村教师多年来头疼的一件事，由于课时紧张，面对长篇的阅读，教师往往无从下手。每一篇阅读课，内容量大，词汇多，语言项目多，到底精读还是泛读，大家心里没有明确的目标。面对阅读水平层次不一的学生，大部分教师以梳理讲解课文为主。由于学生没有整体阅读观念，因此自我接受信息、处理信息的能力较弱。还有一部分教师指导学生略读完成课后任务，这种粗放型阅读方式容易忽略细节内容。学生整合能力差，因此书面表达问题会比较多。在分科培训中，人民教育出版社吴欣教授在"教材评价与超越教材"的报告中，谈到了阅读教学；人民教育出版社肖菲教授通过实例分析，解读了教材中阅读教学内容的安排及设计意图，对如何培养学生阅读能力进行了详细的梳理与指导。在座的英语教师对阅读教学任务有了明晰的认识，明确了如何设计阅读教学、如何运用阅读教学策略让学生有效获取文本信息，提高阅读能力。

分科培训的另一项活动，是以实例解读教材。我们面对教材编审专家，陈述了自己的教学思路、教学设计、教学实施。在专家的指导下，我们进入说课环节，经过思维碰撞、话题交流，初步确定说课稿。接下来，专家指导我们修改完善说课稿，并对本节课的教学目标、重难点、学法指导、活动设置与实施等环节，做了解读与分析。专家与我们面对面交流，共同设计，并进行全方位的指导，让我们茅塞顿开、受益匪浅。

教育部教材审定委员会专家刘道义教授为英语老师做了关于"初中英语

教材使用与启智性教学"的报告。她告诉我们，英语教师的任务不仅仅是指导学生掌握基本的知识，更要关注培养学生的综合人文素养。教师们非常认同她的观点，表示在今后的教育教学中将积极践行。她还谈到学习最重要的因素是情感，学习者需要放松、需要自觉，也需要建立自信与自尊，主动将学习与情感投入相结合。

三、名师示范，影响教育人生

看到"以高质量的研修活动引领教师专业成长"这个报告题目，起初我不以为然。关于教师专业成长的理论报告已经听过很多次，但聆听了全国特级教师吴正宪老师的报告之后，让我有"听君一席话，胜读十年书"的感慨。

学识渊博、思想深邃、才思敏捷的吴老师，用先进的教育理念结合典型的案例，述说了她自己的成长历程和吴正宪团队成长的动人故事。作为一名特级教师，离开讲台后，她精心耕耘在教研阵地，追求高质量的研修活动，助推青年教师成长，成就了许许多多的名师。她引导一线教师自我反思、同伴互助、集体建构，帮助教师在比较中认识自己、认识他人、认识学生、认识课堂，形成新认识，获得新体验，生成新资源。虽然，吴老师离开了光彩夺目的讲台，但更多的名师却涌现了。她的华丽转身，真正让人感受到教育者的博大情怀。正如她所说的，名师蹲下去，新秀站起来。她诠释了幸福而有意义的教育人生。她的睿智影响着团队里的每一个成员，使每一个成员都能享受到成长的幸福。

了解了她，也改变了我的教育思想。四年前，由于工作需要，我被安排到教导处做管理工作，循规蹈矩的常规检查，模式化的听课、评课……虽只带一个班的课，但繁杂的事务让我每天都处于疲于应对状态，吴老师的报告，让我开始反思并重新定义自己的工作性质。什么样的教育是我的人生追求？当她动情地说起自己团队里涌现的特级教师时，一脸欣喜，我的脑海里也迸发出许多快乐的音符，想要去创作优美的乐曲，做最好的自己。

返岗后，我在网上搜到许多吴正宪老师上课的视频，分析、欣赏她上课时孩子们专注的眼神、参与的状态，不禁感慨万分。吴老师有深厚的专业素养、精湛的教育教学方法以及一颗热爱孩子的心，注定能把普通的数学课上到极致，把平凡的事业做得不平凡。她多年潜心研究教育教学，成就了许多孩子，也成就了自己，更成就了众多青年教师。浏览有关她的网页，回想自己的教育生涯，我顿悟了。优秀的人一定有着积极的思想与阳光的心态，有着大智慧，更有一颗热爱教育的心。我们不能以固有的经验为资本，每天去重复同样的工作。面对一个个富有个性的孩子们，我们要学会创造性地工作，做一名智慧型教师。

吴老师带给我的不只是思考，更是教育智慧。我要为自己创造最好的教学生涯，成就自己别样的教育人生。

走出自己的世界，迈向大写的教育

——首届全国名师发展学校第二期培训心得

来到古老而又年轻、闲适而又繁华的城市——成都，参加高端研修活动，感受成都文化，享受研修学习带来的幸福与快乐，我的心是开放的。因为研修，我对自己的认识更加客观，对自己的目标与方向更加清晰，对自己的工作有了更理性的思考。

一、走出自己的世界

本次名师培训让我有机会走进成都名校，感受名校文化，体会名校育人理念，了解名校管理方式；让我走近成都名师，聆听他们的教育故事，感受先进理念，分享教育智慧；让我走进名师课堂，领略名师风采，感悟育人智慧，体验智慧教育。名师培训也让我近距离接触了多位教育专家，聆听他们的报告，感受为师者的大爱与专业精神，正视自己的问题与困惑，梳理自己的思想。

回想刚上班那些年，眼界不宽，缺乏学习与历练，总觉得自己的知识层面完全能胜任教学，在讲台上游刃有余。加上对学生要求到位、管理严格，学生成绩很不错，因而我十分满足。好些年我都在自己狭小的空间内满足着。经历了十几年的磨砺，随着新课程的推行，我突然意识到自己的教育观很狭隘，也发现依赖自己的经验已经不能适应新课程改革。经验需要提炼，需要内化，需要提升，需要超越。正是这一次次的培训、学习，打开了我的视野，推动我开始深入研究教法、学法，多媒体与学科整合，学生素养等问题。我也真正开始走出自己的世界，正视经验、反思不足，提升教育智慧。通过这次培训，我对教育有了全新的认识，我意识到自己的经验缺乏理论支

第四章 心香一瓣

持，教育教学思想还需要凝练，课题研究还需要接受具体指导……我也逐渐明白了教育自信来自于职业的认同、专业的研究、业务的精湛，以及对过去成绩的审视与挑战。我将在专家的教育思想、教育成果的引领下努力前行，不断突破自己，走出自己的世界，迈向真正的教育。

二、英语教师的使命

聆听了四川师范大学巴登尼玛教授的报告"教师的使命，人类的尊严"后很受启发。英语教师不仅承担着指导学生学习掌握一门语言的任务，更承担着传播文化、提升学生人文素养、提升学生道德修养等教育任务。英语教育不是一味地强调分数，而是要不断为学生成长助力。但在我们真实的英语教育教学中，大部分教师的目标仅指向学业成绩。为了提高学生的成绩，课堂上总会在基础知识上下功夫，课后又会布置大量习题让学生巩固，但很少有人会系统地研究学科教学，真正注重学生的核心素养。

巴登教授说：教育是人不断提升智慧的过程，那么教育者就要担负起自己的责任与义务。我们的英语教材编排合理、内容丰富、富有创新性，我们应该认真梳理每一单元、每一课时所安排的知识内容与蕴含的文化特征，指导学生在学习一门语言的同时，了解、借鉴优秀的文化传统，学会传承，学会甄别，吸取精髓，提升内涵，不断丰富人文素养。目前农村初中英语教学中突出的问题仍然是教师理念的转变。我们应该重新审视以语法、句型、练习为主的英语课堂能否教会学生学习，我们应该反思课堂上忙于梳理词汇、语法、句法、语篇结构的学生是否真正感悟、内化了每单元涉及的文化精髓。巴登教授的讲座为许多教师开启了一扇窗。科学育人是我们的使命，英语教师更应该潜心研究教材，智慧处理教材，指导学生学会学习，不断提升学生素养。让学生从不同的学科、不同的角度获取有用的信息，全面提升素养，是我们真正的使命。

三、理性议课，就是对教育的尊重

在教导处做管理工作，我每学期都会听几节课，学校每位教师的课听了数次，自己的课也听了十来次（录像课），而我却很少像陈大伟教授说的那样去议课。

陈教授认为，观课、议课是参与者以课堂教学活动为依据，围绕共同关心的问题和有价值的课堂现象进行对话交流，以发现和理解教学、改善和创新课堂并促进教师专业成长的一种研修活动。然而在我们平时的观课、议课活动中，观课者议课时非常保守，顾及他人面子，即使看到了对方的问题也不愿直言；对课堂教学中存在的问题、困惑也不能进行深入研究和讨论，活动时效性不高。

我曾和数学组的老师们参与同课异构听课活动，其中有一节数学课很乏味，让人很不舒心。老师讲得特别细致，学生却显得精气神不佳、参与性不强。我观察身边的学生，看到的都是些无神的目光，他们就像在陪老师完成任务似的，思维根本没有被启发。一节课下来，学生只完成了四道因式分解习题，其中一部分学生是通过同伴帮助才完成的。我深深地体会到本节课教师行为制约了学生的发展，他们在一节课内完全可以做更多的事情，比如自主学习、交流讨论、归纳整合、做特殊题型的训练、进行高难度题型挑战等。课后我特别想谈谈自己的想法，但是话到嘴边却犹豫了。我觉得面对一位年龄比我大好几岁的同事怎么说都不合适，于是就不了了之。直至后来我发现这个班的数学成绩越来越差，学生也越来越不喜欢数学课了，我才意识到自己的失职，非常懊悔没有尽到议课的责任。正如陈教授所言，这是对教师和学生的不负责，是对教育的不尊重。

目前，我们学校的观课议课活动目的性不强，大部分教师听课时更关注教师行为，比如教材处理、课件制作、教学设计、教学环节等，很少关注学生学习状态，议课也只是一种交流的形式。其实，观课者应该把看到的、想到的抛出来，和授课老师共同议一议，想办法改善老师在课堂上的教学行为，让学生拥有良好的学习状态，经历美好的课堂生活，使观课、议课活动真正成为交流思想的平台，激励教师对教学内容做有价值的选择和改造，实施有效教学。

四、整合教材，享受课改惊喜

学习回来后，我重新审视使用的教材，分析我们教学中的短板，积极尝试改进教法。八年级下册第七单元的阅读教学内容是短剧《拇指姑娘》，在教学设计前，我通过认真梳理本单元每课时的教材内容，分析重难点，了解了其所蕴含的文化特征，对一个单元的整体教学做了规划，并对以往的阅读教学模式做了颠覆性的改进。我一改往日被语法、语言点、阅读练习题充斥的课堂，从网上收集本单元涉及的童话故事的英文材料、图片，让学生从英文素材中了解这些故事，以让学生自主阅读的方式，进行阅读教学。这一尝试真正使阅读教学回到了本真。之后，我又安排学生分组表演课本剧，让组长和组员安排角色，排练、表演课本剧，使学生对阅读材料有了深入理解。每个学生都承担了角色，他们对课本剧的挖掘、对人物形象的塑造、对语言的掌控出乎我的意料。其中有个男孩表演得非常出色，他说了这样一句话："老师，我把英语课本剧看了三遍，我的角色就该这样！"多么令人感动而深思的一句话！无论教师还是学生，潜力都需要被激发。

在八年级下册第八单元阅读教学中，我根据学生特征及教材特点（节选自《鲁滨孙漂流记》），提前浏览Robinson Crusoe的各种版本电影，筛选出最适合的一部让学生看。因为学生看的电影是汉语字幕的英语版本，通过视觉与听觉互动，学生提高了学习英语的兴趣。通过观看，学生对故事的内容有了新的认识，对地道的英语发音有了感觉，课前交流时学生兴趣高涨，大部分学生有话可说，敢于表达。对于本节阅读内容的教学我采取了不同的阅读教学策略。首先出示与文本相关的三个问题，然后播放电影中与课文相应的片段，指导学生观看并回答问题。学生通过情境与地道的语言获取信息，用自己的话或是视频中的信息去表达思想、解决问题，理解关键词汇与句子，加深了对文本的理解。之后，我又提出目标让学生速读，获取信息。阅读教学中，我借助多媒体，让学生观看与文本对接的电影片段，为学生创设情境，让学生在听、看、思考的过程中理解文本内容，领会纯正的语言特色，再让学生阅读、品味作者原创的语句与语篇，提高了学生阅读水平。我觉得只要指导得法，给予学生自主阅读的时间，学生的完全可以自己完成阅读任务，还能尝试着复述故事。由于多媒体的介入，视频与文本契合度高，学生的阅读技能得以提升，他们能根据情节与关键词梳理段落内容，有效提升了学生的归纳与表述能力。

每一次培训、学习，都会启迪我的思维，激发我的灵感，点燃我的激情，让我有新的想法、新的动力。只要努力，奇迹就会出现。

科学培养新生习惯，促进核心素养形成

—— 朱永新讲座有感

　　在为期两天的"第六届基础教育改革与发展论坛暨核心素养与基础教育课程改革"活动中，我聆听了新教育实验发起人朱永新的"习惯养成是核心素养形成的行动路径——新教育实验'每月一事'的理论与实践"报告，内心豁然开朗。困扰了我们多年的新生入学习惯养成教育，终于在这里找到了有力的抓手、科学的办法与行动路径。

　　我所在的学校是一所县城独立初中，有2000多名学生。七年级的新生都是些来自县城、附近乡镇、边远山区的孩子。不同学校的孩子聚在一起，学习、生活等行为习惯差异很大。多年来，在开学初的几周时间，学校教导处、政教处、班主任都要花很多精力做新生入学后的行为习惯养成教育。班主任根据学校计划，入学第一周要解读初中生行为习惯，之后每一周都要有关于养成习惯的教育内容。各班要根据班情，通过一定的方式，指导学生养成良好的学习、生活、运动等习惯，但是这些做法收效甚微。因为初中阶段学习科目增多，随着教学任务的推进，一段时间后，很少有学生坚持下去，现实与理想差距很大。

　　朱教授的报告首先从自我人生感悟谈起。多年来他一直坚持早起，坚持阅读与写作。他说一个人一天有3个小时去写作是一笔巨大的财富。他用多年的读写经历告诉我们，习惯可以被改变。对于教师而言，习惯是我们教给学生最有用的东西，更是核心素养形成的行为路径。那么如何培养孩子们的良好习惯呢？朱永新推出的"每月一事"，从节俭、守规、环保、公益、勤劳、审美、健身、友善、好学、感恩、自信、自省12大习惯纲目、36个专题细目，呈现并诠释了符合儿童生命律动的一个教育生态行动体系。它以12个习惯为经，以知识技能为纬，进行科学的编织，确定12个月的主题。比如一月养成节俭的良好习惯，懂得节约粮食，提倡健康饮食并付诸行动。

朱教授的"每月一事"理念，让我反思了我们在培养学生什么样的习惯，我们如何培养学生的良好习惯。新生入学时大部分班主任进行的是说教式的常规教育、宣讲般的制度解读、总结式的硬性要求，很难入心入脑。我们强调的事情并没有引发学生的思考，没有激发学生内心的共鸣，更没有唤起学生的行动自觉。当学生从小学阶段升入初中，在课堂上注意力不集中，没有良好的倾听老师、倾听他人的习惯时，我们安排了课堂习惯养成周；当学生随着初中科目的增多而做作业潦草，有了抄袭作业的不良习惯时，我们安排了作业习惯养成周；当学生不会合理安排时间学习时，我们安排了自主学习习惯养成周……在听了朱教授的报告后，我意识到这些看似非常合理的安排与要求，其实并不合理，我们这样急功近利的做法其实并不科学。就像朱教授所举例子，一个截肢的人要经历21天才能接受事实。而对于学生来说，仅用一周或一两节课改掉一个不良习惯很难，更不足以将一个好习惯渗透到内心，并付诸每一天的行动中。只有当学生真正认同、接纳了这一习惯，它才会慢慢成为学生的一种自觉行为。

朱教授的家校共育观更是值得我们借鉴。他认为家庭教育的缺失也会使得孩子们养成许多不良习惯。因此，新生入学常规养成教育还要借力于家长。我们可以组建家委会，引领、培训家长和教师共育孩子的良好习惯。比如我们要培养学生良好的阅读习惯，教师和学生要共读一本书，家长和孩子要共读一本书，这种氛围会让学生受到感染与熏陶，会让读书成为他们生活的一部分，使他们更容易爱上阅读。比如要培养学生讲究卫生的良好习惯，如果家长、教师、学生在一段时期内坚持共做一件事，从讲究个人卫生做起，再到干家务搞卫生，最后到清洁公共卫生、自觉保持公共卫生环境。家长的表率、学校的引领作用，会让班上的每个学生成为干净、文明的好孩子。

好的习惯影响一生，而培养学生良好的习惯，需要我们周密计划、科学推进、多元促进。

与智者同行，共圆教育梦

——2018年甘肃省学科带头人培训心得

2018年6月24日，我来到绿树成荫、学术氛围浓厚的甘肃省委党校，参加甘肃省学科带头人研修活动，内心充满激动与期待。激动的是有60名不同学科、不同学段的优秀教师相聚在一起，参加这场育人的盛会；期待的是能聆听西北师大教授精彩的讲座，得到面对面的专业指导，真正提升自己的专业研究能力。

主讲的教授个性鲜明、思维缜密、学识渊博、为人谦和，分享的名师功底深厚、经历丰富、技能过硬，研修的老师好学上进、智慧多才、各有专长。每一位成员本身就是一门精彩的课程，让人读不完、品不够。本次培训课程安排得也非常合理，上午的专家讲座与下午的学员分享，理论联系实际，完美合一，轻松、有趣、有意义。学员们在一起生活、学习的10多天，天天有惊喜、时时有感动。通过聆听专家讲座、教授点拨助力、名师分享交流、同伴智慧碰撞，真正提升了我的教育教学境界，使我获得了研究的动力与能力。

一、"破冰"活动创建学习共同体

培训开班的第一天，西北师大教育学院吕世虎院长对培训活动做了简要的说明，并对教师们提出了殷切期望。之后全体学员参观了西北师范大学博物馆，大家在兴致勃勃的交流、学习、参观中逐渐熟悉。下午的"破冰"活动在幽默风趣的周晔院长的主持下，使教师们渐渐进入学习、思考状态，尤其是分组后15分钟的组徽、组名、小组口号的设计活动，让我看到了这个共同体的力量与智慧，也让我感受到了优秀教师的团队精神。修远组（幼儿小学）设计了绿叶与红花相配的组徽，体现了永远把孩子放在最核心的位置；缘梦组（初中）设计的组徽，中间是通过培训平台相聚的14名教师，周围是青春律动的莘莘学子，满天的繁星则诠释着"聚是火，散是星"，辐射带动更多人的寓意；晨曦组（高中）的组徽，以太阳、土壤、字母为元素……用心体会每一个组名、组徽的意义，我被这些教育者深深地感动。"破冰"活动消除了学员间的生疏，开启了学习交流的新征程。

二、专题引领教师深度反思

1. 指向核心素养，促进深度学习

关于指向核心素养的深度学习话题，已不是第一次接触。但安富海教授以渊博的学识、睿智的思想、典型的案例、精彩的语言，让在座的教师们深刻反思课堂教学中最关键、最核心的问题，还是第一次经历。安教授对典型案例的透彻分析，让教师们在领悟的过程中看到了自己的短板，并开始深度思考如何进行有意义的教学活动设计，才能让学生学会学习，真正进入深度学习状态。比如问题的设计是否能启迪学生思维，引起学生的兴趣并积极思考探索；探究活动的安排与指导是否能引领学生自主探究、观察、找寻规律；小组合作的内容是否真正需要学生合作交流去解决问题；等等。安教授还对为何要提出深度学习、促进深度学习的策略做了详细阐述，使大家受益匪浅。在下午的教学设计分享活动中，各学科教师学以致用，通过深度思考，再次调整自己的教学活动设计，使它更科学、更有效、更实用。

2. 定位教学设计，厘清基本要素

教学设计是我们的家常便饭，但优秀的教学设计却是智慧的结晶。张定强教授的专题讲座从教学设计的思想性与重要性谈起，从一名研究者的视角为我们厘清了有效教学设计的隐形要素与显性要素，并以典型案例分析了教学要素，对我们的有效教学设计给予专业指导。下午的教学设计分享活动，我们看到了不同学科优秀的教学设计，个个融入了教师的智慧与思想，承载着教师的殷殷期望。每一个教学设计都饱含着教师对教材、学生的研究分析，对教法学法的合理筛选，对课堂活动的周密安排，对教学流程的认真思考。培训在进行，新的思想在萌动，全体学员在行动。

3. 立足专业发展，规划专业成长

周教授细致剖析了专业发展规划的要素，指导学员们学会分析自己的优势、劣势、机会、危机，发挥优势、利用机会，转化劣势与危机，做出专业发展规划。他的指导与点拨，让我醍醐灌顶，意识到自由式发展使我们虚度了专业发展的最好年华。教师不做专业阅读、专业反思、专业写作，谈何专业发展？如今我成了省级学科带头人，在这荣耀的巅峰，分析自己，制定专业发展规划，是我的责任与担当。学科带头人是荣誉，也是责任。我们有义务高起点制定发展规划，突破瓶颈，实现二次成长，并引领青年教师走上专业成长之路。

4. 研究教学行动，突破专业瓶颈

吕世虎院长从专业研究的角度为大家讲述了如何制订"教学行动研究改进计划"。因从事基础教育多年，一线老师们积累了许多的宝贵经验，但缺乏理论指导，想在专业研究的路上再迈一大步，着实困难。吕院长深知大家的需要，讲座后留足时间，让大家梳理出自己教育教学中遇到的十个突出问题，思考改进方向，并找准一个亟待解决的问题，撰写行动研究改进计划。之后他就老师们抛出的一个个实例，从题目到计划内容认真分析，耐心指导，直到老师们内心的困惑消失。这项活动让我们经历了艰难的突围，同时也感受到一种成长的快乐。在专业上有所突破何尝不是教师们期待的美好结果。

三、名师分享指引前进方向

四位陇原名师跟大家分享了教育智慧与成长经历。他们都是我身边的名人，值得尊敬，值得学习。洪海鹰校长"为什么而教"的教育思想变化历程，让我们看到了一个优秀教师成长过程中的思考与努力以及那出发了就一直往前走的坚定。她以爱育爱的教育情怀，也让我们感受到了一名优秀校长的成长带给孩子们和老师们的力量与幸福，以及带给学校的长足发展。

前两天我去了北京实验二小安宁分校，进出学校不到半小时，遇到了三个人。门卫有礼貌地询问我的来意后指引我到了培训中心。在培训中心，我遇到了认真工作的牛小群老师，她的桌上放了一摞测试卷，她正一份一份地认真批阅着。那专注的工作状态让我都不好意思打扰了。办完事我马上从培训中心出来，在安静的楼道里遇到一个小男孩，他面带微笑地向我点了点

头，以示问好。我的内心一下子非常温暖。这个孩子儒雅的气质与行为，还有他身上折射出的良好修养，让我顿时对这所学校充满了好感。聆听了洪校长的分享，又一次想起她学校的门卫、教师、学生，从他们的笑脸中，我看到了这所学校的美好。

陇原名师黄永丰老师的学习观更是让人敬仰。他一直践行着向前辈学习、向书本学习、向实践学习、向学生学习的理念，然后将其转化为教育行动，升华为教育智慧。他告诉我们，教育前辈的人格魅力、教育情怀、学术追求、悉心帮助会影响、引领教师成长；读书学习会让教师提高站位、开阔眼界、提升教育教学能力；教育哲学会引领教师走向科学发展之路；实践反思的专业精神，会让教师把教育价值的追求当作自觉行动；与学生一道成长，与学生成为朋友，会引发思辨、引发灵感、感受乐趣，学会倾听学生、引导学生、成就学生、享受幸福。

来自嘉峪关的冯运芳老师用简单而朴素的语言道出了她不简单的教育经历。她从追求每一节好课做起，坚持不懈地上好每一节课，通过"好课"走出嘉峪关，走出甘肃，走到全国课堂竞赛的前列，让人钦佩。

来自天水的汪校长，以其良好的心态、平民教育的思想、关爱每一个孩子的精神赢得了每一个学生爱语文的心。他梳理了自己多年坚守语文作文教学的思路，让我们仿佛看到了他精彩的课堂，看到了一位智慧的语文教师是如何带领学生写出一篇篇精彩文章的。

四、学员互动共享成长智慧

学员分享活动分两个阶段进行。每一个主题都是先分学段开展，再推选代表集中分享。初中学段的分享活动由幽默风趣的周晔教授组织。教师们从课堂教学、班级管理、课题研究等不同视角，分享教育教学智慧，达到互相启迪、共同成长的目的。有些教师前沿的思想也成了我们的助推器，影响、助力我们的课堂与班级管理走向成熟。集体分享更是精彩纷呈。幼儿园教师的细腻、小学教师的爱心、初中教师的智慧、高中教师的理性让我们对基础教育有了多元的体验。不同学科的融合也丰富了我们的教育智慧，交换一种思想，就多一种思想。

在分享活动中，我们还感受到了来自不同地区农村教师不同寻常的教育经历。来自酒泉的刘霞老师，在网络上偶然发现希沃白板的强大功能，通过下载软件，并在自己的课堂上尝试，极大地改变了学生的学习状态，之后专门研究信息技术与课堂教学深度融合，并在国家级课例大赛中两次拿到一等奖，目前已经成为专家级教师。来自天水藉口中学的刘文博老师，在农村学校倾情相助困难学生，陪伴单亲家庭孩子，赢得学生深深的爱戴与喜欢。来自张掖的周老师，带领化学组攻克难题，完成多项省级课题，使得化学组成为全校市级骨干最多的学科组。还有那个爱写作的赵居平老师，多年来坚持读书、写作。那个爱考试的老师，参加自考拿到大专文凭、双专业本科文凭，取得小学、初中、高中教师资格证……每个人的真诚分享，让我们见证了他们坚持不懈的毅力与追求；每个不同的教育经历与故事，都让我们由衷地为主人公的与众不同喝彩！在这个优秀的团队里，多维的智慧分享时不时给大家带来惊喜，冲击着每个人的思维，让人兴奋、感慨、催人奋进、思考。

　　愉快的研修结束了。满载而归的我们，将会带着自己的理念与思考，在自己的岗位上实践、内化，发挥更大的能量，给孩子们最幸福、最美好的学习生活，也打造一个更好的自己。

第四章　心香一瓣

Unit 4　Why don't you talk to your parents?
Section B（3a-Self Check）

——英语写作教学设计（人教版《英语》八年级）

【设计简述】

英语写作是农村初中学生的弱项，部分学生写的作文结构凌乱、汉语式表达与错句多。本节课的写作教学基于一定情境下指导学生进行词块积累、词块运用的策略，主要目标是学生能根据写作要求提炼词块，能用正确的语法结构书写语段表达自己的思想。本节课教学目标及教学重难点的设定都以《英语课程标准》为准则，从学生已有知识水平出发，以词块教学为理论依据，设置不同的任务。首先，通过帮助学生梳理阅读文本主题、文本结构、词块的运用，指导学生围绕主题流畅表达自己的思想。其次，通过小组主题辩论会，提升学生思维能力与合理使用词块正确表达语句的能力。再次，指导学生构思写作框架，梳理词块，书写行文流畅、语句通顺、语言地道的文段。最后，通过师生对范文的修改与点评，指导学生灵活运用词块，提升写作能力。

【教材分析】

本节课的话题选自人教版《英语》八年级下册Unit 4 *Why don't you talk to your parents*? Section B。本单元谈论的话题是当代中小学生面临的种种压力和困境，以及探讨如何减轻压力，如何面对课余活动，以及如何进行课外学习的安排，并针对这些问题给予合理的建议。本节写作课要求学生在理解阅读文本的基础上，能合理运用本单元所学词块，阐述自己对校外辅导班的观点及理由。根据《英语课程标准》的目标要求，学生要能正确使用标点符号，能写出简短的文段，能在教师的帮助下或以小组讨论方式起草或修改作文。因此本节课的核心是帮助学生梳理自己对课外辅导班的看法和与之相关的词块，使学生能流畅说出自己的观点与看法，最后动笔写出文段，并能在教师指导下修改作文。最后，教师要通过这些活动，指导学生反思常见的家庭矛盾以及自己与家长、同学、朋友间的沟通问题，提升解决问题的能力与写作技巧。

【学情分析】

八年级的学生活泼上进、好奇心和求知欲强，善于思考并敢于表达自己的思想。对于本单元教材涉及的许多问题，他们会有自己的亲身感受与看法，愿意在课堂上表达出来，并对遇到的问题寻求合理的解决办法。八年级学生善于思辨，基本已具有阐述观点的能力，因此课中安排的辩论会能充分调动学生的积极性，让他们通过辩论、聆听，体会基于不同视角的观点，丰富学生的思想，打开学生的思维格局。学生也能从文本或他人的语言中提取所需词块与语言结构，联系实际生活，写出流畅的文段。

【教学目标】

1. 指导学生梳理自己对课外辅导班的看法，并能运用所学词块表达自己的思想，提高学生阅读理解能力和语言整合能力。

2. 复习词块not...until...，so that，although，get into good university。

3. 通过辩论，丰富学生的思想，开阔学生的视野，提升学生的语言表达能力。

4. 通过写作训练与指导，提高学生积累、梳理词块的能力与写作技巧。

5. 通过了解中西方学生课外活动情况，了解家长对课外辅导班的看法，使学生学会与家长、老师、同学沟通，学会合理安排业余时间。

附
录

【教学重难点】

重点：通过阅读文本的梳理，了解文本框架，进行词块归类，分析如何表达观点、如何用理由来支撑观点。学习运用In my opinion, it is important for children / parents to...; I believe it is better if children / parents...so that...; If children..., they will...等句式来表达观点。

难点：训练学生掌握、准确运用词块与句型写作的技巧。

【教法与学法】

1. 利用文本材料引导学生自主归纳词块与表述观点的句式。

2. 通过辩论，提高学生语言运用的能力。

3. 指导学生通过阅读文本，辩论、梳理写作内容，提升学生的思维整合与写作能力。

【教学用具】

运用多媒体课件为学生创设更多生动活泼的语言环境。

【教学过程】

Step 1　Show learning goals

1. Help the students sum up the main sentences and phrases.

2. To communicate the students' ideas and develop their thoughts and speaking skills.

3. To express one's opinions on after-school classes and improve reading and writing skills.

Step 2　Show and learn

1. Listen and fill in the blanks

Paragraph 1：

Children are busier on weekends than weekdays because_____.

Many of them are_____so that_____.

Others are_____so that_____.

However，this doesn't only happen_____.

Paragraph 2：

The Taylors are a typical American family_____.

Life for Cathy's three children：one boy_____，

daughter_____，and the other boy_____.

The tired children_____get home_____after 7：00 p.m..

They have a_____dinner，and then it's time for_____.

Taylor's feeling：Maybe she should_____a few of activities.

Paragraph 3：

Linda Miller's opinion：

Linda Miller says，competition_____very young and continues_____the kids get older. Linda thinks it is_____and not fair. People_____their kids so hard.

Paragraph 4：

Dr. Alice Green's opinion：

Too much pressure is not_____a child's_____. Dr. Alice Green says all these activities can_____a lot of stress for children. Kids_____have time to _____and_____themselves

设计意图：教师分段出示阅读文本内容，指导学生听短文填空，并再次熟悉文本内容与重点词块get into a good university，push the kids hard，too much pressure，cause lot of stress，have time to do something，cut out a few activities，so that，not ...until...。

2. Discuss and learn

If you're Linda Miller，tell us your opinion about after-school classes.

If you're Dr. Alice Green，tell us your opinion about after-school classes.

设计意图：通过讨论Linda Miller和Alice Green的观点，帮助学生理清思路，运用所学词块与表达方式，叙述他们对课外辅导班的观点，发展学生的语言组织与表达能力。

附
录

Step 3　Debate and improve

1. Let's talk in pairs

What's your opinion on after-school classes ?

I agree/disagree with the idea of ...

Taking after-school classes can help...

I believe it's important for children's future...

I think...

In my opinion...

设计意图：指导学生通过和同伴交流自己对课外辅导班的看法及理由，进行知识迁移，初步形成正方或者反方辩词。

2. Let's debate

（1）辩论分为正方和反方两个辩论团队，每队由5人组成。

（2）辩论题目为"Students should/shouldn't have after-school classes"。

（3）抽签决定正方和反方。

（4）双方队员每人只要能说出一句反驳对方的句子就可以。

设计意图：教师指导学生运用正确的词块与语言表达观点，拓展学生的思维，丰富学生的语言。

Step 4　Extend and improve

1. Finish off 3a

A magazine interviewed some parents about after-school classes for children. Read the opinions below and make notes on your own opinions.

（1）After-school classes can help kids get into a good university.

（2）I want my child to be a successful person.

（3）It's good for children to start learning from a young age.

设计意图：通过任务型练习，指导学生用正确的语句写出对父母观点的看法，训练学生正确书写语句的能力。

2. Writing task

教师给出写作要求，指导学生完成写作任务。邀请两位学生在黑板上完成写作。

写作要求：

（1）本文内容是关于自己对课后辅导班的看法，故应为议论文。

（2）人称为第一人称；时态应用一般现在时。

（3）应开门见山地描述"课后辅导班"这一社会现象。

（4）用自己提炼出的词块、句型，明确表明自己对课后辅导班的看法。是支持还是不支持，并说说为什么。

（5）修改写作内容。

设计意图：通过书面输出，检测学生对文本框架、词块提取、语法结构的整合能力与语言运用能力，提升学生的写作能力。通过对板书上的范文进行示范性批阅，指导学生注意语篇布局、词块、语法等要点，指导学生学会自己修改文章。

Step 5　Summary and homework

1. What have we learned in this class？

指导学生先互相说说今天有什么收获，可从知识、能力、情感等方面谈一谈，再邀请几组师友说一说。

设计意图：指导学生归纳整合，学会精练地表达自己的思想。

2. Homework

（1）What do your parents think of the after-school classes? Write an article about it.

（2）Preview the new words and expressions.

设计意图：引导学生学会跟家长沟通，了解家长想法，写出家长对课外补习班的看法，巩固写作能力。

【教学反思】

本节课是基于词块教学策略下的写作教学，因此教师首先应从阅读文本出发，通过对Cathy Taylor's opinion, Linda Miller's opinion, Dr. Alice Green's opinion的复习，帮助学生熟练运用词块not...until..., so that, get into a good university, too much pressure, cause lots of stress, have time to do something, cut out a few activities等，为写作提炼词块奠定基础。而辩论活动，则打开了学生思维，让他们从不同角度阐述观点，丰富了学生的语言。学生能从

附
录

pressure，money，time，health等视角阐述不需上辅导班的观点与理由，也能从success，grades，future，hobby等视角阐述需上辅导班的观点与理由。学生在辩论时大方、大胆、自信、表现力好，教师能及时指导纠正他们的错误，并适时拓展，加大课堂张力，丰富孩子们的语言，让孩子们会说、敢说。写作要求明确，既有引领性，又有指导性，从写什么到怎样写，循序渐进，水到渠成，大部分学生文笔流畅，能准确表达自己的思想。教师对范文的批阅具有示范性，能集中检查、修改、批阅、指正写作中的问题。

在本节课中，教师能深入学生活动，比如同伴间的交流与讨论、主题辩论竞赛、范文的修改等。在指导过程中，教师能给予学生中肯的评价，使学生随时调整、改进学习状态。教师重视学生的学法指导，目标达成度高。

【教学改进】

本节课设计的是开放性话题，受语言的限制，一部分学生难以用英语表述自己的真实想法，不敢参与辩论活动。今后在设计类似的课题时要提前告知学生有所准备，使他们可以通过查阅生词、资料去构思自己想说的话，从而在辩论时得心应手，并能书写理想的短文。

本节课涉及内容多，课堂容量大，教师留给学生展示作品的时间少，因而优秀的作品没有凸显，孩子们表达中，出现的个别问题没有得到及时指正。在今后写作教学中，要争取留足时间让学生互相批阅再展示批阅过的作品，解决写作中的共性问题，指导学生学会修改自己的文章。

Unit 9　Can you come to my party?
Section A（1a-1c）
—— 英语听说课教学反思（人教版《英语》八年级）

　　本单元教材是关于如何发出、接受、拒绝邀请的话题。本节课是本单元的第一课时，也是本单元的重点。通过学习，学生能灵活运用交际用语，学会礼貌的请求，委婉地拒绝他人邀请，并能用have to陈述自己的义务。

　　本节课我的教学策略是合理安排自主、互助学习内容，有效指导学生自主学习，掌握知识，并通过跟同伴互相交流、互相帮助解决问题，巩固知识，拓展知识，提升学生听、说、读、写能力，最终能准确运用语言表达自己的想法。因此我首先通过创设情境，邀请学生唱歌，让学生感知今天的话题内容，即如何发出邀请，如何礼貌回答。学生在受到"Can you come to my birthday party?"的邀请时，基本能做出正确反应。教师顺势指导学生学会用"Yes，I'd love to. /Sorry，I can't. I have to study for a test."来回答。接下来学习关键词invite，让学生熟悉invite，invitation以及短语invite sb. to do sth.，make invitations，accept invitations，refuse invitations这些以invite为主线的词汇学习，让学生理解、运用、积累词汇，并掌握一定的拓展词汇方法，效果很好。平时，我们对课件的依赖性很强，无论新授、练习还是总结大都围绕课件上的图片、文字信息展开。教师给予学生独立思考、动手、动口、自主获取知识的机会较少。本节课话题交流、词汇引入与拓展、直观的板书，非常明晰地渗透、理清了本节课的主要内容。教师注重指导学生学会利用课堂的有效信息，利用"小师傅"的智慧等多渠道解决问题。

　　词汇教学也是本节课较为成功的亮点。我一贯坚持让学生通过预习提

附
录

前识记单词，课前以师友互相检查为主，快速复习一下单词的音与形。其目的是让学生学会预习，学会自己拼读、识记单词。在课堂上以竞赛形式检查学生读单词、拼写单词的能力，达到集体巩固新单词的目的。学生对新单词 prepare［pri'peə］/ exam［ig'zæm］/ flu［flu：］/ invite［in'vait］/ accept［ək'sept］/ refuse［ri'fju：z］掌握得较好，对拼、读过程中出现的问题能随时纠正，起到示范性作用。全体学生认真倾听、及时纠错。对于本节课的make invitations，accept invitations，refuse invitations，prepare for an exam，help my parents，go to the doctor，meet my friend，have the flu等词块记忆，我选择让学生采取自主学习的方式。因为单词的问题已经解决了，让学生根据教师的提示信息，通过写一写、查一查、议一议三个小活动，自己解决短语问题，他们会动脑写出自己知道的，想办法查到不知道的，相互交流解决不确定的。这样可以调动每一位学生的积极性，在自学任务中去探究，想办法解决问题。当然，同桌间的互相帮助非常关键。教师要指导"小师傅"给予学友必要的帮助，比如，教会学友学习渠道——看黑板上的信息、看教材中的信息、看工具书中的信息等。

本节课的难点是To learn to use "can" for invitations，to use "have to" to talk about obligation。我通过了解班上在十二月份过生日的学生，设置他们想举行生日派对，去邀请同学参加的情境。活动情境的创设，让学生在生活情境中学会邀请，学会有礼貌地接受、拒绝别人的邀请。我还重点指导了拒绝邀请时如何谈自己的obligations，并和学生共同梳理have to的用法。在集中训练阶段，学生提升很快，能自如运用所学内容进行交流。学生语言流畅，表达准确。

本节课的每一个环节，学生参与度都是由少到多，学生语言表达力由弱到强。这说明随着学生学习能力的提升，语言发展循序渐进。从学生预习时读不准单词，到下课时已经能读得非常准确，用得非常灵活。部分学生刚上课时表述不清，下课时已经能非常有礼貌地发出邀请与回应。学生自然而流利地输出，说明学生真正参与了学习。当然，本节课也有许多需要改进的地方，如学生自主学习还不深入，学生间的评价还不够到位，评价体系还需要完善。在今后的教学中，教师还要进一步研究、实践、总结、反思，提高课堂效率，也需努力将评价做得更加科学、有效。

Unit 8　How do you make a banana milk shake? Section A（1a-2c）

——英语听说课说课稿（人教版《英语》八年级上册）

　　让学生喜欢英语课，在英语课堂上愉快地、充满自信地学习，享受学习的快乐是我追求的目标，我也在探索与学习中一直不懈地努力着。今天，我说课的内容是人教版《英语》八年级上册Unit 8 *How do you make a banana milk shake?* 第一课时。我将从教材分析、学情分析、教学目标、教学重难点、教法与学法、教学用具、教学过程等方面做具体的阐述。

【教材分析】

　　本单元的话题是describe process，follow instructions。教材以奶昔、沙拉、蔬菜汤、爆米花、三明治、火鸡、云南米线等食物的制作过程为主线，安排了丰富多彩的课程内容。课程编排贴近学生生活，学生非常喜欢。因此我们可以根据实际生活整合教材，设计丰富多彩的活动，通过活动引领学生学习，开展听力、口语、阅读、写作等训练，让学生学会询问和描述做一件事的过程并依据指示语去做。在本单元的开篇，即本课时，我安排了描述香蕉奶昔、沙拉的制作过程的内容，让学生通过学习掌握shake, milk shake, blender, peel, pour, yogurt, honey, watermelon, spoon等词汇，并用first, next, then, finally等连接词描述某种饮品和食物的制作过程，为进一步使用连接词描述食物制作过程做准备。

附录

【学情分析】

为了让每一位孩子能快乐、高效学习，我将学生分成若干力量均衡的小组，将前后两对同桌组合为四人小组。四个成员能最大程度互补。本节课的重点，即询问、回答做奶昔的过程，让学生在互助活动中提升运用语言的能力。四人小组动手实践与口语训练活动是本节课的延展，组长完全有能力组织成员有序完成任务。此环节可以提升学生的综合能力。

【教学目标】

根据《英语课程标准》的教学理念与要求，本单元教材要求学生能听懂正常语速的叙述，能口头描述做某种食物的过程，能读懂有关饮食的浅显文字，能用常见的连接词表示顺序和逻辑关系，并在学习中了解中西方饮食文化，拥有健康意识和跨文化意识。基于此，我将本节课的目标拟定如下：

1. 掌握单词和短语shake，milk shake，blender，peel，pour，yogurt，honey，watermelon，spoon，pour...into，put...in，turn on，mix up。

2. 能用first，next，then，finally描述某种饮品和食物的制作过程。练习用How much...和How many...提问数量。学会正确使用可数名词与不可数名词表达数量。

3. 通过训练，提高学生的听、说、读、写与独立思考的能力。

4. 通过活动激发学生学习英语的兴趣，培养他们合作解决问题的能力和竞争意识。

5. 让学生通过课前查阅资料，课中交流学习，了解中西方饮食文化差异，拥有健康饮食意识，懂得感恩。

【教学重难点】

重点：掌握词汇shake，peel，pour，yogurt，honey，watermelon，spoon；通过观察、学习掌握短语pour...into，put...in，turn on，mix up的用法；能用连接词表示顺序和逻辑关系。

难点：会陈述一种食物的制作过程。掌握并能准确表达不可数名词的数量。

【教法与学法】

1. 引导学生课前收集资料，了解中西方饮食文化，学会自主学习。

2. 通过教师演示如何做香蕉奶昔的过程，引导学生学会用连接词表示顺序和逻辑关系，描述奶昔的制作过程，解决本节课重点。

3. 通过Pair work 和Group work指导学生互助学习，合作完成任务，发展语言，提高运用语言的能力。

【教学用具】

1. 通过多媒体课件为学生创设更多生动活泼的语言环境。

2. 教师演示用具：搅拌器、香蕉、冰激凌、酸奶、勺子、玻璃杯等。

3. 学生用具：小组制作沙拉的材料与用具。

【教学过程】

Step 1　Warming up

1. 和学生问好，教学新单词shake的动词用法。出示课题，了解学生课前查阅奶昔与沙拉的情况。教学milk shake，并揭示本单元话题。

2. 用多媒体出示有关水果、饮料的图片，让学生交流喜欢的水果、饮料。让学生复习更多的词汇并指导学生运用新词汇watermelon和milk shake，训练学生语感，营造一种和谐、轻松的英语学习氛围。

3. 用多媒体出示本节课词汇，让同桌两人检查单词预习情况。教师帮助纠正读音问题。

设计意图：让学生在交流中了解本单元重点内容，复习有关水果、饮料的词汇。分散解决部分新单词，为新课做好准备。

Step 2　Show and learn

1. 教师演示香蕉奶昔的做法，让学生观察并描述每一步骤

教师出示做奶昔的材料，让学生说说Ingredients。通过实物让学生复习knife，milk，教学新单词yogurt，blender。教师每做一步，强调连接词first，next，then，finally，让学生对表达顺序的连接词有一个整体感知，同时引导学生大胆描述每一个步骤。当剥香蕉皮时，教师可以引导学生说peel a banana；拿刀切碎时说cut it up；放入搅拌器时说put it in a blender；加酸奶或牛奶时，演示倾倒的动作，指导学生学习运用pour yogurt into the blender；打开搅拌器时说turn on the blender。指导学生对较难的句子进行重复练习，指导学生用关键词造句，直到学生能正确表达每一步骤。

板书first，next，then，finally，引导学生描述刚才演示的过程，并板书关键词First，peel...and cut up...；Next，put...in...；Then，pour...into...And turn on...；Finally，drink the milk shake。

设计意图：用实物教具演示做奶昔的过程，引导学生通过观察、思考、一步一步描述过程，解决重点短语。让学生学会用连接词有序描述做奶昔的过程，再通过板书，强调重点，加深记忆。

2. 打开课本让学生观察图片

先让学生说说看到了什么，让学生独立完成1a.（Write these words in the blanks.）

指导学生浏览听力信息。播放听力材料，让学生独立完成1b.（Listen and put the instructions in order.）

多媒体出示做奶昔的步骤图，让同桌两人进行交流，谈论自己喜欢的一种水果奶昔的做法。

设计意图：让学生通过观察图片，联系刚掌握的词汇填空，再完成听力训练。让学生感知如何和他人连贯地交流奶昔做法，如何遵循说明做事情，强化本节课知识。最后通过图片提示，让同桌互相描述自己喜欢的饮品的做法，互相帮助，矫正问题，让每个学生都能流畅地运用已学知识交流自己的思想，达成本节课目标。

Step 3　Practice and improve

1. 听力练习

让学生互相交流课前所收集到的有关水果沙拉的信息，了解做水果沙拉所需的材料及做法，拓展词汇mix up。指导学生浏览2a听力信息，细心观察图片上做沙拉所需材料，复习How much...与How many...的用法。

Listen and complete the chart.

How many	bananas，watermelons，apples，oranges
How much	yogurt，honey

再次指导学生观察2b听力要求及信息。

Write the ingredients under the correct amount in the chart.

one	two	three	one cup of	two spoons of
watermelon，orange	apples	bananas	yogurt	honey

设计意图：让学生了解有关沙拉的信息，根据图片信息复习可数名词与不可数名词的问答，学会表达做沙拉所需材料及数量。指导学生完成听力练习。学生对冗长的对话内容不再畏惧，从而有效提升听力技巧。

2. 语法训练

根据听力信息让学生思考如何提问、回答不可数名词的量。教师小结名词与量词之间的关系。（不可数名词表示数量时，可以用数词+量词+of +不可数名词表示，也可以用some，much，lots of，a little 等表示。）

同桌两人交流各自喜欢的沙拉材料，并提问相关数量，练习可数名词与不可数名词数量的表达。

设计意图：培养学生听的习惯与技巧，让学生通过听力内容整合语法知识。再通过口语训练，提高学生准确的表达能力与语言交际能力。

Step 4　Extend and improve

四人小组成员出示提前准备的材料，合作完成制作沙拉的任务，书写其过程，最后进行展示。要求如下：

1.组长主持，让大家说说所用的材料。

2.组长组织组员合作完成任务，并说说做沙拉的过程。

3.让学生写出刚才的制作过程。

4.分享、展示作品。

设计意图：学生对本单元知识感兴趣。安排本环节是对这节课的整合与拓展。学生通过亲自制作沙拉，写出过程，品尝沙拉，展示作品，感受到学英语的乐趣，提高综合能力。同时教师也检测了学生对本节课目标的达成度。

附录

Step 5　Summary and homework

1. 让学生先互相说说今天有什么收获

让学生从知识、能力、情感等方面谈一谈，再邀请几组师友说说。

设计意图：鼓励学生整合思想、交流思想，互相帮助、共同进步。让学生养成每节课归纳梳理的良好习惯。

2. 布置作业

（1）Make your own milk shake or fruit salad at home，and share with your family.

（2）Write a passage about how to make your delicious food.

设计意图：鼓励学生与家人分享自己做的餐点，增进感情，表达感恩之情。让学生书写自己喜欢的食物的制作过程，在完成开放性作业的过程中，提升自信。

Unit 13　We're trying to save the earth！
Section A（3a-3b）
——英语阅读课教学设计（人教版《英语》九年级）

【教学目标】

1. 学习掌握单词和短语shark，fin，cruel，the food chain，ecosystem，industry，law，scientific，no longer，be harmful to，at the top of，not only...but also...。

2. 通过阅读训练，提高学生阅读理解能力与筛选信息能力，培养学生独立与合作解决问题的能力。

3. 让学生课前查阅资料，课内阅读了解鲨鱼现状与生态系统间的关系，激发学生保护濒临灭绝动物的意识，激发学生热爱生命、热爱大自然的情感。

【教学重难点】

重点：学生通过阅读，能根据教师提示自主阅读获取信息，掌握阅读技巧，理解课文内容，并能体会文章思想性。学习掌握短语not only...but also...，high，low等词汇的用法。

难点：训练学生阅读技巧，让学生感悟文本思想。

【教法与学法】

1. 引导学生课前收集资料，了解鲨鱼现状，预习单词，自主学习。

2. 以自主阅读任务为主线，指导学生自主阅读、互助交流解决本节课重点。

附录

3.通过交流、朗读，提高学生运用语言的能力。

【教学用具】

通过多媒体课件为学生创设更多生动活泼的语言环境与信息渠道。

【教学过程】

Step 1　Warming up

1．让学生观看视频了解鲨鱼现状。提出问题Will the sharks be endangered? 引出阅读话题Save the sharks! 出示本节课教学目标。

2．用多媒体出示本节课词汇shark，fin，cruel，the food chain，ecosystem，industry，law，scientific，no longer，be harmful to，at the top of，让同桌两人检查单词预习情况。

Step 2　Reading comprehension

1. 教师出示整体阅读要求

让学生初次快速浏览文本，提取每一段主要信息：Read the title，the first and last sentences in each paragraph，and match the main ideas.

2. 分段出示阅读要求

指导学生细读，从不同角度指导学生提高阅读技巧。

（1）Read Paragraph 1 and judge the sentences.

① Shark's fin soup is famous and expensive all around the world.

② You're killing a whole shark when you enjoy a bowl of shark's fin soup.

（2）Read Paragraph 2 and fill in the blanks.

People enjoy_____, fishermen_____, then_____._____decreased quickly.

（3）Read Paragraph 3 and judge the sentences.

① Wild Aid and the WWF are environmental protection groups in China.

② Two environmental groups appeal to develop laws to stop the sale of shark fins.

③ Shark's fins are good for health.

3. 再次自读课文内容

让学生完成练习3a，熟悉课文内容，体会文本思想。指导师友交流答案，互助解决阅读中的问题。

4. 听原声录音并默读课文

让学生自我纠正语音、语调等问题。让学生逐句朗读课文，了解学生朗读情况并给予指导，及时纠正语音、语调等问题。

5. 独立完成3d

让学生互助检查，巩固重点句型及文本内容。

Step 3　Grasp the key points

解读重点句型，指导学生观察句子，自己总结重点内容，并通过练习学以致用，加强记忆。

1. This is not only cruel，but also harmful to the environment

not only...but also...表示并列，着重强调后者，also可省略。若连接两个成分做主语，其谓语通常与靠近的主语保持一致。not only放在句首，后接句子时要用倒装结构。

中考链接1：This is my twin sister Lucy. Not only she but also I ＿＿＿＿＿good at drawing.

A. is　　　　　B. am　　　　　C. Are

中考链接2：He is＿＿＿＿doing well in sports＿＿＿＿good at singing.

2. If their numbers drop too low，it will bring danger to all ocean life

复数形式的number表达全海洋中鲨鱼的总量。当表示数值的高或低时，number要用high或low修饰，常与number搭配的动词有grow，fall。

中考链接3：In that country，＿＿＿＿children going to school is＿＿＿＿in cities than in towns and villages.

Step 4　Practice and improve

让学生通过练习巩固文本内容与本节课的主要短语，加深记忆。

1. Retell the passage according to the words below

A whole shark has been killed each time you enjoy a bowl of shark fin soup. When people catch a shark, they＿＿＿＿its fins and throw the shark back into the ocean. Without fins, a shark can＿＿＿＿swim and slowly dies. If sharks' numbers drop too low, it will_____all ocean life._____some kinds of sharks have fallen_____over 90 percent in the last 20 to 30 years.

2. Revise new phrases

把鲨鱼扔到河里　　　　　割掉、砍掉

在中国南部　　　　　　　对……有害

在……顶部　　　　　　　海洋生态系统

不但……而且……

Step 5　Summary and homework

1. What have we learned in this class?

指导学生从知识、能力、情感、思想等方面互相谈一谈今天有什么收获。再邀请几组师友说说，分享感受，丰富思想。

2. Make a poster about shark protection

Work with your partners and make a poster about shark protection. What can we do to save the sharks?

【教学反思】

本节课通过视频助力阅读教学，效果显著。首先让学生观看鲨鱼被捕捞并割下鳍后投入大海的场景，让学生感受鲨鱼面临的危险，引发学生深度思考Will the sharks be endangered? 引出阅读话题Save the sharks! 出示本节课教学目标，告知学生本节课的阅读任务，让学生有一定的情感体验与清晰的学习目标。

对于阅读任务，能理清思路，并由易到难、循序渐进地提出，让学生始终在思考中阅读，在阅读中感悟、学习，很自然达到每一梯级阅读目的。在本节课的阅读教学过程中，学生通过任务型阅读活动，基本养成了浏览文本标题、猜想文本内容，浏览段落布局与每段首尾句、理清段落主旨意思的阅读习惯，并通过细读理解课文，通过互助学习解决了难点。此外，通过阅读与现实生活关联的文章，激发了学生的思想情感，形成正确的观点，具体做法如下。

首先，指导学生阅读每一段的第一句或最后一句，获取本段的主要意思，进而了解文章大意，习得一种捕捉主要信息的方法。接下来逐段提出相应的细节要求，让学生带着问题自主阅读。有目标地阅读，让学生掌握有效的阅读方法。比如第一段的阅读要求是判断正误，只有读懂文本并理解内容，才能做出准确判断。而第二段的阅读填空，要用正确的语言来表达。这些细节的内容来自文本，学生自然会寻读、细读来获取信息，并在阅读、练习中自我整合、内化知识。当学生通过阅读了解了鲨鱼的处境，体会到鲨鱼数量减小的原因与危害时，就会萌生保护鲨鱼的念头。而第三段的阅读目的是让学生找到相关的动物保护机构，了解它们的作用。学生对鲨鱼会不会灭绝、如何拯救鲨鱼、如何拯救我们生存的地球，就会有诸多的想法。最后通过开放性的作业，让学生进一步搜寻信息，了解有关鲨鱼的生存现状、数量以及面临的危机，感悟拯救鲨鱼的重要性，激发学生保护环境的意识，并积极参与到环保活动中，为拯救地球做出应有的贡献。

本节课阅读教学目标不只停留在阅读结果（练习题的正确率），而是更重视学生阅读思维的培养、情感的渗透与德育教育。学生表现突出，学习效果好。

今后我将继续深入研究每一篇阅读教学内容，挖掘文本思想，深刻领会语篇价值，关注每一位学生的阅读能力，梳理学生阅读中遇到的困难及原因，指导、帮助每一位学生坚持训练，掌握基本技能，逐渐能独立阅读难度适宜的文章，读懂文意，领会内涵，真正引领学生从功利性的、简单的阅读作答模式中走出来，让学生学会阅读，学会思考，发挥阅读的人文功效。

附
录

Unit 2   I think that mooncakes are delicious！ Section A（3a-3c）

——英语阅读课教学设计（人教版《英语》九年级）

【Teaching aims and demands】

（1）Read to learn the story of the Mid-Autumn Festival.

（2）To understand the spirit of Chinese traditional culture.

（3）To learn the words and expressions：steal，lay，admire，goddess，dessert，garden，folk，lay out，admire the moon，share mooncakes，call out，in the garden.

【Teaching difficulties points】

To retell the origin of the Mid-Autumn Festival.

【Teaching important points】

Reading skills，key phrases.

【Teaching aids】

Multimedia.

【Teaching methods】

Make mind map to retell the story.

【 Teaching steps 】

Step1   Warming up and revision

1. To watch the pictures about the Mid-Autumn Festival and answer the questions：What festival is the picture about?

Why is Chang'e in the palace of the moon?

设计意图：利用与课文相关的中秋节图片，创设情境，引出关键词汇信息，激发学生表达欲望。出示嫦娥图片，让学生说说他们所知道的民间故事，引入新课。

2. Free talk

Discuss the way to celebrate the Mid-Autumn Festival in English.

How do people celebrate the Mid-Autumn Festival?

Can you tell the origin of the Mid-Autumn Festival?

Learn some words and phrases.（lay out desserts，in the garden，admire the moon，share mooncakes...）

设计意图：通过交流中秋节的活动，了解、学习传统文化，再现中国文化习俗。顺势开展词汇教学，对节日专属文化词汇进行梳理，指导学生掌握词块基本用法。

Step 2   Fast reading

1. Scanning and working on 3a

（1）What story is the reading about?

（2）How do people celebrate the Mid-Autumn Festival?

（3）What do mooncakes look like? What meaning do they carry?

2. Check the answers with the students and learn new words

（1）It is about a traditional folk story of Hou Yi and Chang'e.

folk   *adj.* 民间的；民俗的

tradition   *n.* 传统   traditional   *adj.* 传统的

赏月的传统：The tradition of admiring the moon

传统的民间故事：Traditional folk story

（2）They celebrate the Mid-Autumn Festival by admiring the moon and

附录

- 159 -

sharing mooncakes with their families.

admire   v. 欣赏；仰慕   admire sb. for（doing）sth.

I admire you for your wonderful speech.

I don't agree with her, but I admire her for sticking to her principles.

（3）The mooncakes are in the shape of a full moon on the Mid-Autumn night. They carry people's wishes to the families they love and miss.

in the shape of   以……的形式；呈……的形状

那云呈公鸡形：The cloud was in the shape of a cock.

寄托着对家人的思念：carry people's wishes to the families.

设计意图：指导学生浏览文本，了解段落大意；快速自主阅读，找到问题答案的相关信息。培养学生完整阅读语篇的习惯，厘清文章脉络。在师生核对问题答案时，指导学生通过寻读获取主要信息。在阅读过程中深入学习新词块folk story，admire sb. for（doing）sth.，in the shape of，并对月饼与月亮的形状、寓意进行解读，介绍carry people's wishes to the families的意义。

Step 3   Detail reading

1. Learn the structure of the passage

How many paragraphs are there in the passage? Fill in the blanks.

Paragraph1：Chinese people have been_____and_____for centuries.

Paragraph2：Most people think that the story of_____is the most touching.

Paragraph3：After this, people started the tradition of_____and _____with their families.

2. Read the second paragraph, circle characters, underline their activities. Then fill in the blanks.

Hou Yi_____ _____ the nine suns.

A goddess_____magic medicine to Hou Yi to_____him.

Pang Meng tried to_____the medicine.

Chang'e_____the medicine and_____ _____to the moon.

Hou Yi_____ _____his wife's name to the moon every night.

_____ _____her favorite fruits and desserts in the garden.

设计意图：梳理文本结构，了解段落安排以及每段主要内容，指导学生掌握文本布局，掌握讲述故事、写故事的技巧。利用细节性阅读，以人物的行为动作为主线，让学生圈出动词短语，感悟语言特点，深入理解故事内容，厘清故事发生的过程，并能根据提示准确运用动词短语陈述故事内容。

Step 4　Read and finish exercises

1. According the passage，decide whether the following sentences are true or false.

（1）The mooncakes carry wishes to the families they love and miss.

（2）A goddess gave a magic medicine to Chang'e.

（3）Pang Meng tried to steal the medicine when Chang'e was not at home.

（4）Chang'e flew up to the moon after she drank the medicine.

（5）People admire the moon and share the mooncakes with their families on Mid-Autumn night.

2. Read the passage again. Put the events in the correct order.

_____Pang Meng tried to steal the medicine .

_____A goddess thanked Hou Yi by giving him a magic medicine.

_____Chang'e refused to give Pang Meng the medicine and ate it.

_____Hou Yi shot down the nine suns and saved the people on the earth.

_____Hou Yi was very sad and watched the moon at night，and wished his wife could come back.

_____As a result，Chang'e became light and flew up to the sky.

_____Hou Yi planned to ate the medicine with his wife.

设计意图：了解学生对文章细节的掌握情况。让学生自主完成故事情节排序练习，理清文章脉络与重点短语、句型，深化课文内容。

Step 5　Retell the story and homework

Retell the story

Items （评分项目）	Full Score	Score	Total
Speak fluently when telling stories	3		
Pronunciation & intonation （语音、语调）	2		

附
录

Items（评分项目）	Full Score	Score	Total
Main characters ＆ activities	2		
Expression（表情）& action（动作）	2		
Voice（音量）	1		

设计意图：指导学生根据要求讲故事，提升语言表达能力与思维能力。从五个方面要求学生用英文讲好中国故事，提升学生综合素养。

Homework

（1）Learn the new words and expressions by heart.

（2）Retell the story of Chang'e.

（3）Write a story of Chinese festival.

设计意图：让学生讲述文本故事，并能模仿文本结构特点，拓展完成一篇中国传统节日的文章，提升学生谋篇布局与写作技能。

【Teaching notes 】

本节阅读教学基于学生对传统节日的熟悉情况，将诸多的单词与短语分解到不同的环节，不着痕迹地融入听说、阅读教学中，让学生在不同情境中学习、理解、运用、掌握词块。对阅读教学的设计由浅到深，由总括到细节，由阅读到重述文本，层层递进，水到渠成。始终引导学生根据问题自主阅读，并随时与学生进行互动交流，给予阅读策略上的指导。学生积极主动，学习效果良好。

新课引入以交流中秋节的活动开始，学习了the Mid-Autumn Day，admire the moon，lay out mooncakes/ friuts/ desserts等重点词块。在谈及关于嫦娥的民间故事时，提出饶有兴趣的问题"嫦娥为什么在月宫？"学生分享自己的观点后，再让学生在阅读中验证自己的答案。学生有了阅读的兴趣点，阅读就会认真、投入。在第一遍速读时，让学生在了解文章大意的同时，随机指导学生关注文章结构。比如开头介绍了中秋节传统，最后总结吃月饼与赏月的传统来自一个民间故事。中间的正文部分是嫦娥的故事。学生心中有了文章框架结构，便形成一定的阅读策略。第二遍细读时，要求学生勾画主人公的行为动作，了解故事发生的过程，使学生在脑海中有了清晰的故事思维导图。在阅读中解读疑难，教学相关词块，指导学生在文本情境中更好地学习、掌握、运用词块。最后，在学生掌握故事情节、重点词块的基础上要求学生重述故事，并提出五项基本要求，引领学生努力讲好中国传统故事。学生表达流畅，表现力强。

作业的设置基于传统节日的话题与本节阅读教学，有梯度、有层次地推进，训练提升了学生的读写能力。

Unit 12　Life is full of the unexpected.
Section A （Grammar Focus-4c）

——英语语法课教学设计（人教版《英语》九年级）

【Teaching aims and demands】

（1）Learn and master the following words: cream, workday, pie, show up, bean, market, by the end of.

（2）Review the words and phrases learned in Section A.

（3）Learn the past perfect tense, learn to communicate with others using the grammar, sentence patterns and words we have learned.

（4）Be able to tell one's own special experiences fluently.

【Teaching key and difficult points】

Key points: Guide the students to summarize the usage and sentence structure of the past perfect tense.

Difficult points: Use the new grammar to write the unforgettable experience in the past, and tell the story smoothly.

【Teaching methods】

（1）Guide the students to cooperate, communicate and help each other.

（2）Guide the students to summarize the grammar, to use the past perfect tense to tell stories.

【 Teaching procedures 】

Step 1　Tell the stories

Ask some students to retell the story learned yesterday.

Teacher shares her story—The unexpected lunch

Story1.The first plane had already hit my office building before I could join the others outside to see what was going on.

Story 2. My plane to New Zealand had already taken off by the time I got to the airport.

Teacher's story：I had hurt my finger before I made dumplings.

设计意图：让学生上讲台在全班同学面前讲述上节课学到的两个故事，共同复习文本内容与过去完成时。教师讲述自己生活中的故事，复习过去完成时，写出典型句子。

Step 2　New grammar

1. Analyze the sentences and summarize the grammar

Teacher：I made dumplings last Sunday.

I had hurt my finger with knife before 12 a.m. last Sunday.

I had hurt my finger with knife before I made dumplings.

Student：过去完成时的构成：_____。

过去完成时表示：_____。

过去完成时常与_____等引导的时间状语连用。

设计意图：以故事中的典型句式为例，指导学生总结过去完成时表示过去的某个时间或者过去的某个动作之前发生的行为动作，并梳理出它的语法结构以及引导状语从句的词块。

2. Oral practice

（1）By the time I left for school in the morning, _____.

（2）When I got to school, _____.

（3）Before I got to the bus stop, _____.

设计意图：通过口头描述生活中已经发生的实例，练习过去完成时，熟悉时间状语与主句的时态结构，学会准确运用时态表达过去发生的事。

附
录

3. Grammar Focus

Ask the students to finish the exercises.

（1）当我到达学校的时候，我才意识到我把书包忘在家里了。

When I got to school，I realized I_____my backpack at home.

（2）等我返回学校的时候，铃声已经响过了。

_____I got back to school，the bell_____.

（3）我到达公共汽车站之前，汽车已经离开了。

Before I_____the bus stop，the bus_____.

（4）我决定先买一杯咖啡，然后再准备去办公室。

I_____go up to my office when I decided to get a coffee first.

（5）就在我和别的工作人员一起排队等候的时候，听到了一声巨大的声响。

As I_____with the other office workers，I _____.

4. Make a summary

由when，by the time，before等引导时间状语从句时，若描述发生在过去的事，主句常用过去完成时（had + 过去分词）表示动作发生在过去的过去。

be about to do，be doing等表示即将或正在做某事时，常用when引导从句，表示突然发生的动作。when可省略。

设计意图：通过笔头练习，指导学生互动交流。教师点拨，总结语法。

Step 3　Practice and improve

1. Work on 4a

Ask four students to write their sentences on the blackboard. Correct their sentences together in class.

（1）Tim went into the bathroom. Mary got up. By the time Mary got up, Tim had already gone into the bathroom.

（2）The coffee became cold. I put cream（n. 奶油）in the coffee.

（3）The teacher collected the maths homework. I got to school.

（4）I completed the work for my boss. The workday ended.

（5）The movie started. I arrived at the cinema.

（6）My mother finished making the apple pie （*n.* 果馅派）. I got home from my language course.

2. Work on 4b

Let students read the words or phrases in the box and try to understand the meanings of them. Then fill in the blanks with the correct forms of the words by themselves.

（1）By the time I arrived at the party, everyone else＿＿＿already＿＿＿.

（2）When he put the noodles into a bowl, he realized he＿＿＿to add the green beans （*n.* 豆）.

（3）By the time my mother came back from the market （*n.* 市场）, I ＿＿＿already＿＿＿the door to go for my piano lesson.

（4）Before she got to the airport, she＿＿＿＿＿＿ about the earthquake.

（5）When she＿＿＿the movie theater, she＿＿＿remembered she had forgotten to feed her dog.

（6）Before she got a chance to say goodbye, he＿＿＿the building.

设计意图：通过学生造句，发现暴露出的问题。对句子中的问题集中指导，指出学生容易出错的地方。

Step 4　Write and share stories

（1）Let students think about their sad/interesting/unlucky/exciting day. Then write the unforgettable stories.

（2）Ask some students to share their stories.

Make up stories （编故事）

Items	Times（When）	Places（Where）
1	last Tuesday	in the class
2	last Sunday	in the park
3	yesterday	on the playground
4	last night	at home

附录

Evaluation list（评价表）

Items（评分项目）	Full Scores	Scores	Totals
had done	3		
by the time & before	2		
Pronunciation & intonation （语调）	2		
expression （表情） & action （动作）	2		
voice （音量）	1		

设计意图：指导学生写一写平时生活中发生的故事，尽量运用今天学到的语法表达过去某一时间之前发生的动作，并在全班同学面前分享故事。教师指导学生从五个角度评价故事，提升学生语言运用能力与评价能力。

Step 5　Homework

（1）Review Grammar Focus：Try to make sentences with before，by the time，and make use of the past perfect tense.

（2）Writing：Describe the most unforgettable experience.

Teaching notes

本节语法课打破了传统的语法教学格局，改变了以讲语法、语法练习为主的课堂模式。将语法教学融入有趣的故事中，以故事引入新课，以故事展开教学，以故事检测语法学习效果，有层次，有新意，有高度。

本节课首先通过让学生讲述上节阅读课中的两个难以预料的事件，教师讲述自己身上发生的难以预料的有趣故事，引出三个典型的过去完成时句式。教师板书这三个主句是过去完成时态，从句是由when，before，by the time引导的典型的过去时态句式，指导学生从这三个句子中分析、归纳、总结过去完成时态的用法、时态结构以及时间状语的引导词。当学生完全理解了这一语法结构，教师指导学生通过口头、笔头练习，学透语法。最后指导学生运用新语法讲故事，输出所学内容，学生很容易将新学到的语法运用到自己的语言中讲述自己的故事。学生表现突出，学习效果好。

Unit 6　Do you like bananas?　Section A （2a-2d）

——英语听说课教学设计（人教版《英语》七年级）

Teaching aims and demands	Knowledge Objectives： 1. Learn new words and phrases：Birthday, dinner, week, think about, food, sure, right, how about...? Burger, vegetable, fruit, apple, then . 2. Be able to use the target language freely. 3. Listen and talk about what you like and don't like.
	Ability Objectives： Enable students to listen to and talk about what they like and don't like. Train the students' listening, speaking, reading and writing skills.
	Moral Objectives： Offer help to others as much as possible.
Teaching key points	1. How to listen to and talk about their favorite foods. 2. New phrases：birthday dinner, next week, How about...? What about...? think about.
Teaching difficult points	Listening skills； Role play.
Learning strategy	Enable students to learn to group cooperation. Help the students learn how to talk about their likes and dislikes.
Pre-review	Remember the new words by themselves.

附录

杏坛撷珍——一位初中英语教师的行与思

Design on the blackboard	Unit 6　Do you like bananas? Birthday dinner　　　　How about...? Next week　　　　　What about...? think about　　　　　Let's have...			
Teaching and studying process				
Teaching steps	Teaching contents	Teacher's activities	Students' activities	Evaluations
Step 1 1. Check new words 2. Free talk	1. Check new words. 2. Talk about likes and dislikes in pairs.	1. Show the words. Help the students to have a contest. 2. Show pictures. Let the Students practice.	1. Check in pairs . 2. Ask and answer in pairs to talk about likes and dislikes.	Spelling words and speaking skills.
Step 2 1. Listening 2. Talking	1. Finish 2a and 2b. 2. Pair work.	1. Play the tape then help the students to correct mistakes. 2. Direct the students to talk about their likes.	1. Revise new words then listen to the tape to finish 2a and 2b. 2. Talk in pairs.	Listening skill.
Step 3 1. Learn new conversation 2. Role-play	1. Key points. 2. Role-play.	1. Explain new phrases, get the students to look through 2d, then play cassette. 2. Help the students do role-play in groups.	1. Learn new phrases, then listen and find some information. 2. Role-play in groups.	Group cooperation ability.

Step 4 1. Practice 2. Improve	1. Finish exercises 1. 2. Finish exercises 2.	1. Show exercises 1 then help some pairs who are weak. 2. Show exercises 2.	1. Students Finish exercises 1 by themselves. 2. Let the students write exercises. 3. Then check in pairs.	Doing exercises skill.
Step 5 1. Summary 2. Homework	1. Sum up what we have learned in this class in pairs. 2. Give homework.	1. Direct the students to sum up. 2. Show homework to the class.	1. Sum up what we have learned in this class in pairs. 2. Write down the homework.	Summary ability.
Teaching notes	本节课始终以教师为主导，学生为主体，很好地发挥了师友互助的作用。同桌间互相帮助、互相提升、共同进步，学习效果良好。本节课是本单元的第二课时，学生已初步学会询问他人喜好的一般疑问句。在口语练习中出现一些语法问题，还需要进一步指导，在练习中提高。个别学生仍然比较拘谨、自信心不足，在今后的教学中要多关注这些学生。本节课是一节听说课，主要通过指导学生熟练运用本单元涉及的目标语言，谈论自己及他人在饮食方面的喜好，训练学生语感以及流畅的表达能力，并通过听力训练，指导学生掌握一定的听力技巧，提升捕捉信息与记录信息的能力。最后让学生以表演形式输出，提升学生语言运用能力与表现力。本节课学生表现突出，课堂效果好，目标达成度高。复习环节通过师友竞赛让学生检查单词，传递竞争意识，鼓励学生积极互助互查，做好预习检查工作，为新课的学习做好准备。接下来通过多媒体展示食物图片，让学生利用直观形象的图片谈论自己及他人的喜好，进一步熟悉Do you like...? Does he like...? 等句型，学生活动面广，语言表述流畅。在听力练习前，指导学生做好听前准备，主动获取相关信息。在听力训练过程中，有效指导学生捕捉信息、记录信息的技巧与能力，学生学习状态好。分角色表演是本节课的难点，也是学生综合素养的体现。在学习对话前，用生活中的事例引入对话中较难的短语、句子，让学生在理解后再去听、阅读对话内容，掌握对话内容，之后分角色表演。学生在三人小组的练习中，积极参与、大胆表现，锻炼了组织能力、合作能力。部分学生还能用自己的语言创新对话，活化教材，真正达到了学以致用的目的。			

附
录

Unit 3   Could you please clean your room?
Section A （3a-3c）

——英语阅读课教案（人教版《英语》八年级）

【Teaching aims and demands】

1. Learn and master words and phrases: throw, all the time, neither, shirt, as soon as.

2. Improve students' reading comprehension ability by reading training. Arouse students' interest in learning English and cultivate their ability to solve problems in cooperation.

3. By searching materials before class and reading in the class, the students can learn about the cultural differences between Chinese and Western on students' housework. Let students learn to share housework.

【Teaching important and difficult points】

Important points: Learn to master the usage of phrases: the minute, as soon as, in surprise, neither...nor.... And help students retell the story fluently.

Difficult points: Training of reading skills.

【Teaching methods and learning methods】

1. Guide students to collect information before class, understand Chinese and foreign culture, and lead students to study independently.

2. Solve the key points of this lesson by guiding students to read independently

and communicate with each other.

3. Develop and improve the ability of using language through performance.

【 Teaching aids 】

Use Multimedia and PPT to create more lively language environment for students .

【 Teaching procedures 】

Step 1　Warming up

1. Show the topic and use pictures to guide the students to communicate the topic of this unit. Then show the teaching objectives of this lesson.

（1）Enalde the students to learn to make polite requests.

（2）Enalde the students to learn some new words and phrase：throw, neither, shirt, as soon as, all the time.

（3）Enalde the students to read and understand the story.

（4）Enalde the students to know that families should share chores.

2. Use multimedia to show the vocabulary of this lesson：throw, all the time, neither, shirt, as soon as. Make the students check words with deskmates.

Step 2　Show and learn

1. Show the information

The teacher will show the information about how American parents teach their children to do housework, and let students quickly browse the housework undertaken by American children in each age group. By reading and comparing their own behaviors, children will be influenced by excellent culture and learn to be grateful and share housework with parents. We love our parents.

2. Read the story and answers the questions

（1）Why was Nancy's mom angry with her?

Ask the students to read the conversation between mother and Nancy, then check the answers.

（2）Did they solve the problems? How?

Guide students to help each other to solve problems in reading.

3. Read the first paragraph loudly then fill in the blanks

Last month, our dog_____me_____I came home from school. I_____down my bag and_____to the living room. The_____I sat down in front of the TV, my mom_____over.

Key points：

The minute I sat down in front of the TV, my mom came over.

The minute用作从属连词，用来引导时间状语从句，相当于When，as soon as。

Exercises：Translate the sentences into Chinese.

I'll write you as soon as I get there.

As soon as I went in, Kate cried out with pleasure.

I'll return the book as soon as I have read it.

4. Ask the students to act the conversation between mother and Nancy

Key points：

（1）I'm just as tired as you are!

as ...as...意为"和……一样"，表示同级的比较。

这部电影和那部电影一样有趣。This film is as interesting as that one.

（2）She was in surprise.

surprise 惊奇；惊讶；令人惊奇的事物　　in surprise 惊讶地，吃惊地

to one's surprise 令人惊讶的是　　be surprised at... 对……感到惊讶

Exercises：（中考链接）

I looked at him in great_____（surprise）.

I was_____（surprise）at the news that he refused the invitation.

Step 3　Read and finish 3b and 3c

Read the sentences below：

Underline the sentences from the reading that mean the same thing.

Step 4　Extend and improve

Read and role play.

Ask three students to act the story.

Narrator: _____.

Nancy: _____.

Nancy's mother: _____.

Step 5　Summary and homework

1. Summary

What have we learnt in this class?

2. Homework

Help your parents to do some chores after school.

Review the words of this class and preview the words on P20.

附

录

Unit 4　Where's my schoolbag?
Section B　（2a-2c）

——英语阅读课教案（人教版《英语》七年级）

【 Teaching aims and demands 】

1. Ask the students to read and learn new words： tidy, but, our, everywhere, always.

2. Ask the students to describe the place where things are.

3. Ask the students to ask and answer where something are.

4. Ask the students to read the short passage and get some information about Kate and Gina's room.

5. Help the students learn to put away their things and have a good habits.

【 Teaching important points 】

Enable the students to learn to find the key sentences of passage and according to the structure of passage to retell the story.

【 Teaching difficulties 】

Key words： and, but.

【 Teaching aids 】

Multimedia.

【 Teaching methods 】

Act the conversation between mother and child.

【 Teaching steps 】

Step1　Warming up and revision

1. Ask and answer questions about the things in the picture

S1：Where's the clock? Is it on the sofa?

S2：No，it isn't. It's on the wall.

S3：Where're the books? Are they on the bed?

S4：No，they aren't. They are in the schoolbag.

2. Present the new words

（On the screen，show studerts a very tidy room.）

T：It's a tidy room.（Write the word "tidy" on the blackboard.）

（Show another room. It's not tidy.）

T：It's not a tidy room. It's a dirty room. Look! The books are everywhere. The clothes are everywhere.（Write the word everywhere on the blackboard.）

3. Read the new words

Ask students to read the new words：tidy，everywhere，always.

Step2　Write the words you know for the things in the picture

1. Look at the picture in 2a. There are many things in the picture. Do you know the words for the things? Who can say them in English?

2. Now work with your partner. Write the words you know for the things in the picture.

3. Teacher goes around the classroom，give the students some help.

Step 3　Read the passage

1. Look at the picture in 2b

Here are two girls，Kate and Gina. They are sisters. They live in a room. They all have many things in their room. Is Kate tidy? Is Gina tidy? Now read the passage and answer these questions.

附

录

2. Kead the passage and find the answer to the questions

阅读指导：从短文中获取信息完成阅读任务的技巧是：

（1）先通读全文，捕捉文中所提供的信息。抓住文章内容概况，理解短文的大意。

（2）要回答文中的两个一般疑问句，先要读懂短文，进行细节理解。由"I'm Kate，and my sister is Gina. I'm tidy，but Gina is not." 可以很容易对所给一般疑问句做出正确回答。

（3）Read the passage carefully，circle Kate's and Gina's things and underline where they are. Then discuss：Who do you like better，Kate or Gina? Why?

（4）Now let's look at the chart in 2c. In the chart，you should list Kate's things and where they are. You should also list Gina's things and where they are.

（5）Teather Checks the answers with the class.

Key points：and是一个连接词，可以连接语法作用相同的词、短语或句子，表示并列或对称的关系，可翻译为"和""并""又""兼"等。当连接两个并列的主语时，谓语动词应用复数形式，如"Jack and Tom are good friends." but表示转折关系，翻译为"但是""然而"，在句中连接两个前后意思相反或相对的句子。

Step 4　Retell the passage

Help the students to introduce the girls. Describe Gina and Kate's room.

Ask some students to retell the story.

Step 5　Sum up and homework

Talk about what we have learned in this class in pairs.

Homework：

1. Review the new words we learned today.

2. Draw a picture about your ideal room. Describe your new room.

Unit 11   How was your school trip?
Section A（1a-1c）

——英语听说课教案（人教版《英语》八年级）

Teaching aims and demands	1. Learn new words and phrases：milk，cow，horse，feed，farmer，quite，ride a horse，milk a cow，feed chickens，quite a lot（of）. 2. Be able to talk about past events. How was your school trip? It was wonderful. Did you do...? Yes，I did. /No，I didn't. 3. Listen and talk about what they did and didn't do. 4. Train the students' listening，speaking，reading and writing skills. 5. Offer help to other students as much as possible. 6. Learn about school trip.
Teaching key points	1. How to talk about past events. 2. New phrases：rode a horse，milked a cow，fed chickens，quite a lot（of）.
Teaching difficult points	1. To learn past form of regular and irregular verbs. 2. To use correct verbs to describe past events.
Teaching aids	Multimedia
Learning strategies	Cooperation. Help the students learn how to talk about their past events. Sum up the rules of past form.

附录

Design on the blackboard	Unit 11　How was your school trip? What did you do on Dragon Boat Festival? I ate Zongzi. Did you go out last weekend? Yes，I did. /No，I didn't.			
Teaching and studying process				
Teaching steps	Teaching contents	Teacher's activities	Students' activities	Evaluations
Step 1 1.Check new words 2. Free talk	1. Ask the students to check new words in pairs. 2. Ask the students to talk about what they did in pairs.	1. Show new words. Let the Students check in pairs. 2. Give the topic to students.	1. Check in pairs. Read and spell new words and phrases. 2. Ask and answer in pairs to talk about what they did on Dragon Boat Festival.	Speaking and spelling skill.
Step 2 1. New grammar 2. Talking	Grammar： learn the rules of the past form，and the simple past tense.	1. Help the students learn the simple past of regular and irregular verbs. 2. Direct the students to sum up new grammar.	1. Try to remember the rules . 2. Use correct verbs to describe past events.	Summary skill.

	1. Ask the students to finish 1a. 2. Ask the students to finish 1b and 1c.	1. Show new phrases. 2. Play the tape then help the students to listen and fininsh，and then ask and answer.	1. Learn new phrases and then match the words with pictures. 2. Listen and circle the three things，then talk in pairs.	Listening skill, cooperation ability.
Step 3 1. Listening 2. Pair work				
Step 4 Practice Role play	1. Ask the students to work in pairs. 2. Ask the students to show a conversation in pairs.	Direct the students to help each other. Help some groups who are weak.	1. Make a conversation in pairs by themselves. 2. Role play in front of the class.	Talking skills.
Step 5 1. Summary 2. Homework	1. Summary. 2. Homework.	1. Direct the students to sum up the points. 2. Show homework to the class.	1. Sum up what we have learned in this class in pairs. 2. Write down the homework.	Summary ability.

附

录

Unit 5　Why do you like pandas?
Section A（1a-1c）

——英语听说课教案（人教版《英语》七年级）

Teaching aims and demands	Knowledge Objectives： 1. learn new words and phrases：zoo, animal, tiger, elephant, koala, panda, lion, giraffe, smart, cute, lazy, beautiful, welcome to the zoo. 2. Be able to use the target language freely：Why do you like pandas? Because they are cute. Learn to describe animals and express preferences.
	Ability Objectives： Enable students to listen and talk about what animal they like or dislike. Enable students to describe more kinds of animals. Train the students' listening, speaking, reading and writing skills.
	Learning Strategies： Improve the students' analytical ability. Enable students to learn to guess the meaning of sentences.
	Cultural awareness objectives： Learn the feature of animals.
	Emotion goals： Offer help to others as much as possible. students learn to protect animals.

Teaching key points	1. Ask the students to talk about their preferences and describe animals. 2. grammar：Why...Because...			
Teaching difficult points	Listening and Writing skills.			
Teaching aids	Multimedia			
Learning strategies	Group cooperation. Help the students learn how to infer animal from the description.			
Design on the blackboard	Unit 5　Why do you like pandas?　Section A　1a-1c Why do you like pandas? Because they are cute.			

Teaching and studying process

Teaching steps	Teaching contents	Teacher's activities	Students' activities	Evaluations
Step 1 1. Check new words 2. Guess	1. Ask the students to check new words. 2. Ask the students to guess animals and match the words and pictures.	1. Help the students read and spell new words. 2. Help the students read the description and guess. Ask the students to match the words with the pictures.	1. Check in pairs. Revise new words. 2. Discuss in pairs to guess the animals. Match the words with the pictures.	Spelling skill.
Step 2 1. Listen 2. Talk	1. Ask the students to finish 1b. 2. Ask the students to work in pair 1c.	1. Play the tape and help the students to finish 1b. 2. Direct the students to practice the conversation with their partner.	1. Revise the new words then listen to the tape to finish 1b. 2. Work in pairs.	Listening skill.

附
录

Step 3 1. Speak 2. Grammar	1. Speaking practice. 2. Key points.	1. Get the students to speak about their favorite animals and reasons. 2. Show key points and exercises.	1. Use new words to speak loudly. 2. Discuss in pairs and finish some exercises.	Speaking skill. Cooperation ability.
Step 4 1. Survey 2. Report	1. Ask the students to make a survey. 2. Ask the students to write a report.	1. Show the form then direct the students to make a survey. Help some groups who are weak. 2. Check writing and help students to write.	1. Let the students make a survey. 2. Finish the report by themselves. 3. Show reports.	Talking and writing skills.
Step 5 1. Summary 2. Homework	1. Ask the students to sum up what we have learned in this class in pairs. 2. Homework.	1. Direct the students to sum up. 2. Ask the students to show homework to the class.	1. Sum up what we have learned in this class in pairs. 2. Write down the homework.	Summary ability.

参考文献

［1］中华人民共和国教育部.义务教育英语课程标准（2017年版）［M］.北京：北京师范大学出版社，2012.

［2］中华人民共和国教育部.人教版英语七年级（上册）（下册）［M］.北京：人民教育出版社，2012.

［3］中华人民共和国教育部.人教版英语八年级（上册）（下册）［M］.北京：人民教育出版社，2013.

［4］中华人民共和国教育部.人教版英语九年级（上册）（下册）［M］.北京：人民教育出版社，2018.

［5］中华人民共和国教育部.人教版语文七年级（上册）（下册）［M］.北京：人民教育出版社，2016.

［6］中华人民共和国教育部.人教版语文八年级（上册）（下册）［M］.北京：人民教育出版社，2018.

［7］中华人民共和国教育部.人教版语文九年级（上册）（下册）［M］.北京：人民教育出版社，2018.

［8］中华人民共和国教育部.人教版高中语文必修1［M］.北京：人民教育出版社，2003.

［9］中华人民共和国教育部.人教版高中语文必修2［M］.北京：人民教育出版社，2006.

［10］施红玉.精心预设学生活动　提高英语教学效率［J］.甘肃教育，2014（18）.

［11］路遥.人生［M］.北京：北京十月文艺出版社，2012.

［12］李希贵.面向个体的教育［M］.北京：教育科学出版社，2014.

［13］冀晓萍，马云.一个"差生"的成长记录［J］.人民教育，2015（10）.

［14］施红玉.如何引导教师应对新的教学模式［J］.甘肃教育，2014（12）.

［15］朱永新.父母要和孩子一起成长［J］.人民教育，2017（1）.

［16］刘海军.《观课议课》之反思［J］.新课程，2017（17）.

［17］陶行知.生活即教育［N］.光明日报，2017-06-02.